DELIUS KLASING

D1672368

GERD KLOOS · HANSPETER LANGE

Windsurfen lernen in 10 Stunden

DELIUS KLASING VERLAG

INHALT

AUFSTEIGEN, AUFZIEHEN, AUFKREUZEN

Windsurfen ist die schönste aller Wassersportarten. Bei keinem anderen Sport erlebst du das Gleitgefühl so faszinierend elementar, einfach und ungefährlich wie beim Surfen. Du brauchst nichts als Wind, ein Brett und ein Rigg.

Bei anderen Sportarten fährt das Risiko immer mit – beim Windsurfen hinterlässt ein Sturz weder in der Natur noch an deinem Körper Spuren. Und Windsurfen wird auch nie langweilig.

Selbst der Weltmeister ist nicht ganz perfekt und lernt ständig neue Manöver. Dabei ist das Lernen so spannend wie das Können: Der Weg ist das Ziel.

FUN-FAKTOR

Schnell, schnell, schnell! Zeit ist Geld! Beim Windsurfen ist alles anders als im richtigen Leben. Das Spiel ersetzt den Wettkampf, die Eleganz der Bewegung das Tempo, der Spaß die Produktivität. Deshalb lernst du Windsurfen nicht in einem großen Schritt, sondern in vielen kleinen Steps.

PERFEKTION STECKT IM DETAIL

Das Lernen beim Windsurfen ist ganz einfach, wenn du dich auf ein paar Schlüssel-Bewegungen konzentrierst. Alle Manöver haben solche Knackpunkte, die über den Erfolg entscheiden. Dieses Buch hilft dir, konzentriert zu lernen. Es zeigt die Schlüsselstellen auf, du lernst viel schneller und hast dabei den doppelten Spaß.

LERNEBENEN BESTIMMEN DAS TRAINING

Die Sportwissenschaft hat natürlich auch das Windsurfen erfasst und theoretisch aufbereitet. Dieses Buch verschont dich mit der Grauen Theorie, setzt aber die modernen sportdidaktischen Erkenntnisse ganz unauffällig ein. So lernst du ohne Irrwege schnell und sicher auf den verschiedenen Lernebenen: Denn auf dem Einsteiger-Niveau übt man etwas anders als auf der Ebene des Fortgeschrittenen und des Könners.

2
DER AUFSTEIGER

Ein Aufsteiger kann bei mittleren Windstärken schon sicher fahren. Die nächsten Ziele sind höhere Geschwindigkeiten und neue Manöver. Vor allem weiß der Aufsteiger, was er macht: Die Bewegungen und ihre Resultate sind kein Zufall mehr. Der entscheidende Lerntipp ist dabei die sogenannte Time on board: Je länger du bei allen Bedingungen auf dem Wasser übst, desto sicherer werden deine Manöver.

1
DER EINSTEIGER

Der Einsteiger lernt zuerst einmal, das Gleichgewicht zu bewahren und den Wind zu nutzen – und dies möglichst Kraft sparend. In dieser Lernphase sind die äußeren Bedingungen besonders wichtig: Der Wind sollte gleichmäßig und eher schwach sein, das Wasser stehtief. Das Manöver wird zuerst einmal in einzelne Bestandteile aufgegliedert, die man am Strand vorübt, bevor man sie auf dem Wasser trainiert. Wichtig dabei: Nie verbissen bis zur Erschöpfung kämpfen: Wenn die Konzentration nachlässt, brauchst du dringend eine Pause.

3
DER KÖNNER

Der Könner hat ein ehrgeiziges Ziel: Er will auch in Grenzsituationen die totale Kontrolle über sich und sein Sportgerät haben. Die Manöver-Varianten, die er übt, müssen auch in extremen Bedingungen bei starkem Wind, in hohen Wellen und im Weißwasser der Brandung funktionieren. Diese schlafwandlerische Sicherheit erfordert allerdings hohen Einsatz: Gelegenheitswindsurfer werden diese Stufe nie erreichen.

LERNEN

DER WIND REICHT (FAST) IMMER

So wie es kein schlechtes Wetter, sondern nur die falschen Ansprüche gibt, so gibt es eigentlich auch keinen schlechten Wind. Denn bei fast jeder Windstärke (Hurrikanes und Totalflauten mal ausgenommen) kann man mit dem Board spielen. Und wenn die Freundin mit an Board kommt, wird aus einer Leichtwind-Übung ein feucht-fröhliches Ereignis. Denn Stürze sind beim Windsurfen keine Niederlagen, sondern unverzichtbare Erlebnisse.

Surfen im Doppelpack macht auf den modernen, superbreiten Lernboards riesigen Spaß. Nützlicher Nebeneffekt: Man lernt spielerisch einfach, die Balance zu halten.

MIT DEM WIND SPIELEN

Zum Windsurfen braucht man nicht unbedingt Wasser: Als Playstation eignet sich bei schwachem Wind jeder Strand. So lernst du Kraft sparend die Riggkräfte kennen, automatisierst die wichtigsten Griffe und ersparst dir viele Dutzend Stürze auf dem Wasser. Sogar Trickmanöver wie das Backfahren (auf der falschen Segelseite stehen) lernt man ganz easy am Beach.

Bei dieser Übung ziehen unsere »Demonstranten« das Rigg soweit nach Luv, bis es ganz leicht wird und eine Weile im Gleichgewicht, quasi schwerelos, steht. Dann kann man es sogar loslassen und eine Pirouette drehen, ohne dass es umfällt.

Solange das Rigg ausbalanciert steht, brauchst du wenig Kraft zur Kontrolle.

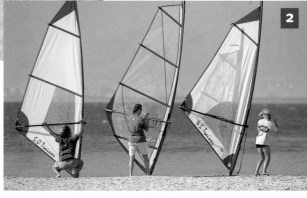

? SEGEL BACK HALTEN: Das Segel gegen den Wind drücken. **SEGEL DICHT HOLEN:** Das Segel mit der hinteren Hand zu dir ziehen.

Die Riggspiele bereiten dich aufs Surfen vor. Die Übungen beginnen mit der Bestimmung der Windrichtung. Das Rigg zeigt die Windrichtung wie eine Fahne an, wenn du es nach Lee »auswehen« lässt. Der Surfer steht in **Luv** mit den Füßen direkt neben dem Mastfuß. Für die Grundstellung fehlt nur noch das Brett (siehe Bild 4).

Im Sitzen zu fahren verlangt eine gute Kontrolle über das Rigg. Nur wenn es im Gleichgewicht steht, funktioniert diese Übung spielend leicht.

Rechts steht Sonja in der Grundstellung, in der Mitte bringt Norbert das Rigg ins Gleichgewicht, um zu starten, und Olli zeigt die Drehung.

Unsere drei Vorturner drücken ihr Segel nach Luv gegen den Wind, halten es also back. So lernt man ganz einfach die Segelkräfte beherrschen.

VORBEREITUNG FÜR EINEN PERFEKTEN START

Windsurfen ist längst kein Kraft- und Kampfsport mehr. Neues Lernmaterial reduziert die Lehr-Zeit um 80 Prozent. Damit der Spaß nie verloren geht, solltest du aber ein paar Tipps beachten.

Wie einen Flügel trägt der Wind das Rigg, vorausgesetzt es wird mit dem Mastfuß zum Wind gehalten: Technik und Material machen dem Schüler das Lernen leicht und reduzieren den Kraftaufwand.

Klingt alles etwas gouvernantenhaft, was jetzt kommt. Aber Gouvernanten haben ja nicht immer Unrecht.

DAS REVIER: Ein offizieller Surfstrand hat viele Vorteile: Es gibt keinen Stress mit Badenixen und Grill-Terroristen, ausreichenden Platz zum Aufbauen und zum Starten. Wenn dazu noch eine Wassersportstation auf dich aufpasst, gehst du auf dem Wasser nicht verloren weil immer jemand ein Auge auf dich hat. Und meist gibt's auch auf dem Wasser ausreichend Platz für Manöver jeder Art. Das ist besonders für Anfänger wichtig, die anfangs so manöverierfähig sind wie Tanker im Hafenbecken. Ein Revier mit Stehtiefe ist der beste Lern-Beschleuniger: Der Stehplatz erspart unnötigen Kraftauf-

wand, gibt ein beruhigendes Sicherheitsgefühl und verhindert schnelles, unkontrolliertes Abtreiben. Was du an Höhe mit dem Brett verlierst, das hast du zu Fuß schnell wieder zurückerobert.

DER WÄRMEHAUSHALT: Auch wenn auf den Fotos aus Hawaii die Pros immer in nassen Boardshorts surfen: Ohne Neoprenanzug bist du ein klassischer Fall für die Seenotrettung, vielleicht auch für die Intensivstation. An allen Revieren in Europa ist der »Schwarze« Pflicht, ob mit langen Ärmeln oder als

Steamer, hängt von der Temperatur ab. Außerdem schützt der Anzug vor Quetsch- und Stoßverletzungen. Neue Boards und restaurierte Schulbretter haben zudem Standflächen wie Schleifpapier. Der Anzug schützt Oberkörper und Schienbeine vor dem schmerzhaften Rothaut-Syndrom.

Auch Schuhe sind fürs Wohlergehen segensreich: Zehen werden vom Mastfuß und Schwertknauf magnetisch angezogen. Außerdem sind Schulboards oft so glitschig, dass du nur mit den Gummisocken

? RIGG: Das Segel mit all seinen Komponenten. **LUV:** Die dem Wind zugewandte Seite. **UNTERLIEK:** Untere Seite des Segels.

Halt findest. Also keine falsche Coolness, sonst brauchst du ein Coolpack auf die Zehen. WIND: Auch wenn Starkwind die Droge ist, nach der jeder W i n d s u r f e r lechzt, für den Start ist gleichmäßiger, leichter Wind zwischen zwei und drei Beaufort (Windstärken) ideal. Böiger Wind macht dem Surf-Eleven so viel Freude wie dem Fahrschüler der Großstadtverkehr in der Rushhour. Leider neigt der Wind aber zu irrationaler Bockigkeit und streichelt das Segel selten lehrbuchartig. Und trotzdem haben Hunderttausende das Windsurfen trotzdem gelernt. Also Mut, du hast Talent, Biss und den festen Vorsatz, dir etwas zu beweisen.
SCHULE UND LEHRER: Wir kommen soeben vom Wasser und haben es wieder hautnah erlebt: Surfunterricht bei(m) Freund(in) oder Ehepartner ist so ratsam wie eine Blinddarm-Operation im Selbstversuch. Wenn es Scheidungsrichter am Surfstrand geben würde – viele Ehen würden noch im Neoprenanzug geschie-

den werden. Also geh' lieber in eine gute VDWS-Schule mit professionellen Instruktoren, auch wenn dein Freund zwischendurch mal eifersüchtig wird. Du lernst garantiert im Zeitraffer.
MATERIAL: Lange haben Schulen auf Boards unterrichtet, die vor allem eines konnten: Den Schüler möglichst schnell abwerfen. Jetzt aber gibt's Boards, die so gutmütig sind wie Haflinger. Stürze

te Schüler, nach zwei Stunden kann er oft schon Wenden fahren. Zum Powerlearning tragen aber nicht nur die breiten Boards bei, auch die modernen Riggs machen die Sache rigoros einfach: Masten und Segel sind viel leichter geworden. Der Ruck an der Aufholleine ist kein Zerren an einem bockigen Esel, sondern der Zug an einem kooperativen Sportsfreund.

Eine Hand am Mast, eine am Gabelbaum: So kontrolliert der Surfer das Rigg, der Wind (durch die Pfeile symbolisiert) übernimmt das Tragen.

sind selten, Windsurfen lernen geht jetzt so schnell wie Rad fahren lernen auf einem Zweirad mit Stützrollen. Der Titel dieses Buches müsste eigentlich umgeschrieben werden: Windsurfen lernen in zwei Stunden. Nach einer Stunde bereits fährt der durchschnittlich talentier-

KRAFTAUFWAND: Früher galt Windsurfen als Sport der harten Männer. Heute weiß man: Frauen mit ihrem besseren Balance-Gefühl und ihrem Talent, lieber den Kopf als Kraft einzusetzen, sind Männern sogar überlegen. Windsurfen ist eine elegante Sportart geworden.

GABELBAUM: Die Griffleiste, die am Mast befestigt ist.

T-STELLUNG DIE AUSGANGS-POSITION

Das große T ist der Schlüssel zum Erfolg: Beim Start bilden Mast und Brett ein T, als wär's ein Werbebild der Telekom.

Brett und Mast, so sagt's der Fachmann, müssen beim Start in einem 90-Grad-Winkel zueinander liegen. In dieser Stellung, der T-Stellung, ist nicht nur das Aufsteigen, sondern auch das Stehen am einfachsten. Die Balance lässt sich leicht halten, wenn die Füße auf der **Längsachse** und nahe am Mast stehen. Um das Gleichgewicht zu stabilisieren, wird die **Aufholleine** soweit unten angefasst, dass ein aufrechter, Kraft sparender und bequemer Stand möglich ist. Mit der Aufholleine kannst du die Erfolg versprechende T-Stellung leicht beibehalten. Schon ein leichter seitlicher Zug nach rechts oder links verändert den Winkel zwischen Brett und Mast.

? **BUG:** Brettspitze. **LÄNGSACHSE:** Die Linie, die das Brett vom Bug zum Heck halbiert. Sie ist also lang, im Gegensatz zur Querach▌

Das Brett liegt quer zum Wind und das Rigg rechtwinklig zum Board in **Lee**; das ist optimale Ausgangsposition. Die Füße stehen schulterbreit rechts und links vom Mastfuß auf der Brettlängsachse. Diese stabile Ausgangsposition erlaubt ein bequemes, aufrechtes Zurücklehnen. Die Aufholleine wird weit unten gegriffen.

Egal wie Brett und Rigg zum Wind liegen, mittels Aufholleine wird die Lage sicher kontrolliert. Hier zieht Sonja das Rigg nach rechts, darauf reagiert das Brett mit einer Drehung nach links.
Diese Richtungsänderung lässt sich unterstützen, indem der **Bug** mit dem vorderen Fuß Richtung Mast geschoben wird.

Entscheidend für die Stabilität ist neben der Fußposition ein 90-Grad-Winkel zwischen Brett und Mast. Der Mastfuß »schluckt« den ganzen Druck des Riggs beim Segelaufholen, der Mast kommt dir in der idealen Ausgangsposition entgegen. Die Reise kann beginnen.

Das Ausrichten funktioniert natürlich auch in die andere Richtung.
Um es zu vereinfachen, zieht die rechte Hand das Rigg nach rechts und die linke zieht es nach links. Das Brett dreht immer in die entgegengesetzte Richtung.

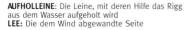

AUFHOLLEINE: Die Leine, mit deren Hilfe das Rigg aus dem Wasser aufgeholt wird
LEE: Die dem Wind abgewandte Seite

die quer übers Brett läuft. **RIGG**: Mast, Segel, Gabelbaum, Mastfuß und die verbindenden Leinen im aufgebauten Zustand.

STARTEN

T-STELLUNG
– AUFHOLEN
– STARTEN

Der Surfer steht mit dem Rücken zum Wind, sein Brett liegt quer dazu, das Rigg auf der Leeseite. Jetzt kommt Zug ins Spiel. Die Haare bleiben dabei nicht immer trocken.

Die kapitalsten Fehler deines jungen Surferlebens könntest du gleich beim Start erledigen. Sie führen dich schnurstracks dorthin, wo du hergekommen bist – ins Wasser. Ein Fehler aber könnte sogar weh tun. Beim Zug an der Aufholleine solltest du immer an deinen Orthopäden denken, der dich bei einem runden Rücken sofort abstrafen würde. Nirgends sonst beim Surfen werden die Bandscheiben – völlig unnötig – malträtiert. Wenn du dein Körpergewicht beim Zug an der Aufleine einsetzt, ersparst du dir viel Kraft und üble Rückenschmerzen.

Bei den ersten Versuchen geht's meist dann bachab, wenn das Segel aus dem Wasser kommt und der Widerstand des Riggs plötzlich nachlässt wie beim Seilziehen, wenn der Gegner aufgibt. Auf diesen Moment musst du also vorbereitet sein.

Auch in der Anfahrt-Phase bieten sich noch nette Gelegenheiten zur Abkühlung.

Bei keiner anderen Technik lässt sich so viel Kraft sparen wie beim Segelaufholen. Zur Kraftersparnis setzt du einfach dein Körpergewicht ein und lehnst dich mit geradem Rücken nach hinten. Die T-Stellung bleibt während der gesamten Zug-Nummer erhalten. Also: 90 Grad sind der Pfad zum perfekten Start.

Noch einmal wird der rechte Winkel zwischen Board und Segel kontrolliert und notfalls mit dem Schwenken des Segels korrigiert. Dann wird der hintere Fuß hinter den **Schwertknauf** gesetzt und der vordere Fuß in Fahrtrichtung gedreht.

Durch Hüft- und Oberkörp
drehung kom
das Rigg am
Körper vorbei
nach Luv, min
destens bis d
Mast senkrec

? ANGESTRÖMTES SEGEL: Mit Wind gefülltes Segel. **DICHT HOLEN:** Das Segel leicht drehen und es mit Wind füllen.

Während sich das Rigg langsam vom Wasser löst, ziehen die Hände den Mast Hand über Hand näher zum Körper. Der Körper steht aufrecht. Bevor das Schothorn, also das hintere Ende des Gabelbaums, ganz aus dem Wasser kommt, machst du eine Pause, um dich auf den Zug einzustellen, der schlagartig nachlässt, wenn das Segel ganz aus dem Wasser befreit ist.

Sobald das Rigg ganz frei im Wind steht, greift die vordere Hand an den Mast. Du stehst nun in der Grundstellung. Vor dem nächsten Schritt überprüfst du, ob der Fahrtweg frei ist und ob das Board noch in die gewünschte Startrichtung zeigt.

– besser, bis das Rigg leicht schräg – steht. Für einen sicheren Stand wird dabei das Gewicht auf das hintere Bein verlagert und der vordere Fuß hinter den Mast gestellt.

Das Rigg nach Luv holen und den **Gabelbaum** greifen, wird zu einer fließenden Bewegung. Die Segelhand (hier die linke Hand) fasst den Gabelbaum vor der Schulter und **holt dicht**, bis das Segel gerade mit Wind gefüllt ist. Durch leichtes Zurücklehnen und Belasten des hinteren Beines begegnest du dem entstehenden Segelzug.

Die vordere Hand kann am Mast bleiben oder zum Gabelbaum umgreifen. Das geht besonders leicht, wenn das Segel etwas **aufgefiert** wird und so der Zug verringert wird. Sobald das Segel voll angeströmt wird, hast du die Fahrposition eingenommen.

AUFFIEREN: Das Segel drehen, um den Zug zu verringern.   **SCHWERTKNAUF:** Der Teil vom Schwert, der oben heraussteht.

STARTEN

RIGG IN LUV, WAS TUN?

Vor dem Aufholen muss das Rigg zuerst auf die **Lee**seite gebracht werden.

Hier zeigt der Bug schon in die gewünschte Richtung, allerdings liegt das Rigg auf der Luvseite. Aus der T-Stellung wird der Mast ein kleines Stück aus dem Wasser gelupft.

Während das Rigg über den Bug gezogen wird, kommt das Brett deutlich vom Kurs ab. Zudem stehen die Füße rechts und links neben der Längsachse, eine eher instabile Lage. Zügiges Weiterziehen hilft nun, diese labile Situation zu überstehen.

Der schwierigste Teil ist bewältigt. Mit dosiertem Zug wird nun das Brett mit dem Rigg in die rechtwinklige Ausgangsposition manövriert. Das Segel darf ruhig etwas ins Wasser eingetaucht bleiben. Das erhöht die Stabilität, während das Brett so weit dreht, bis es quer zur Windrichtung liegt.

Vor dem Losfahren überprüfst Du, ob der Weg frei ist. Ein kurzer Blick nach unten verrät, ob die Füße auf der Brett-

? LUV: Die dem Wind zugewandte Seite.   **LEE:** Die dem Wind abgewandte Seite.

Den Mast mit dem leicht angehobenen Segel langsam Richtung Bug ziehen. Die Füße bleiben nah am Mast und möglichst parallel dazu stehen. Sobald der Gabelbaum über dem Bug steht, wird es sehr wackelig.

Wenn der Gabelbaum das Brett berührt, entschlossen das Rigg etwas höher und den Gabelbaum über das Brett ziehen. Wer sich so lang auf dem Brett gehalten hat, der schafft den Rest leicht.

...ngsachse stehen. ...bald der Mast die ...-Grad-Position ...reicht hat, kannst ...u das Rigg ganz ...us dem Wasser ...ehen. Die vordere ...and greift den ...ast.

Geschafft. Vor dem Start noch einmal alle Schritte in Gedanken durchgehen: Rechter Winkel zwischen Brett und Segel; überprüfen, ob der Weg frei ist; den hinteren Fuß zurück setzen; mit einer Hüft- und Oberkörperdrehung das Rigg nach Luv holen, bis es leicht wird; die Segelhand auflegen und das Segel leicht dichtholen.

Wenn das Rigg auf der windabgewandten Seite (Lee) liegt, klappt der Start wie am (Start-)Schnürchen. Leider fällt das Rigg – Murphys Gesetz – fast immer auf die falsche Seite – nach Luv. Also absteigen und das Material schwimmend um 180 Grad drehen? Umständlich – es geht auch ohne Vollbad. Zwei Techniken stehen zur Wahl. Bei der ersten Möglichkeit wird das Segel leicht gelupft und gleichzeitig leicht zum Gabelbaumende (Schothorn) gezogen. So drehen sich Brett und Rigg, das Rigg liegt in Lee. Nachteil: Das Brett dreht sich um 180 Grad mit und zeigt danach in die entgegengesetzte Richtung.

Die andere Methode demonstrieren wir hier mit Bildern.

SCHOTSTART: TECHNIKCHECK

T-STELLUNG

WINKEL ZWISCHEN BRETT UND MAST (90 GRAD)

Vor dem Segelaufholen Mast und Brett in einen Winkel von 90 Grad zueinander bringen. Dazu das Rigg an der Aufholleine nach rechts beziehungsweise links ziehen.

FÜSSE IN MITTEL-ACHSE

Solange die Füße im Zentrum und auf der Brettlängsachse stehen, wackelt das Brett auch beim Belastungswechsel der Füße relativ wenig, weil das **Volumenzentrum des Boards** etwa zwischen dem Schwertkasten und dem Mast liegt.

AUFRECHT

Aufrechtes Stehen beim Aufholen schont die Wirbelsäule. Zudem spart der Einsatz des Körpergewichtes Armkraft. Zu guter Letzt bleibt der Surfer so auch leichter in der Balance.

ANFAHREN

FUSS-POSITION

Der hintere Fuß wird mindestens so weit hinter den **Mastfuß** gesetzt, wie der Gabelbaum breit ist. Steht der Surfer zu nahe am Mast, wird es schwierig, beim Dichtholen im Gleichgewicht zu bleiben.

HÜFT-DREHUNG

Das Rigg wird mit einer Hüft- und Oberkörperdrehung nach Luv ins Gleichgewicht gebracht. Der ganze Körper dreht sich so in Fahrtrichtung und kann dem Segelzug leicht entgegenwirken. Die Hüftdrehung wird begleitet vom vorderen Fuß, der in Fahrtrichtung gedreht wird.

GEWICHTS-VERLAGE-RUNG

Gleichzeitig mit der Körperdrehung verlagert der Surfer das Gewicht auf den hinteren Fuß. So kann er bei allen Windbedingungen dem Segelzug ausreichend Kraft entgegensetzen.

? MASTFUSS: Verbindung von Rigg und Brett.   **VOLUMENZENTRUM:** Die Fläche auf dem Board, die den meisten Auftrieb liefert.

ENG AM MASTFUSS

Die Füße nah an den Mastfuß zu stellen hilft besonders bei der Brettdrehung um 180 Grad. Je näher die Füße an der Mittellinie stehen, um so weniger wackelt das Brett bei einem Belastungs-wechsel der Füße.

Beim Technikcheck sind alle Knackpunkte eines Manövers noch einmal stichwortartig zusammen-gefasst.

	Sturz nach Luv beim Segelaufholen	Sturz nach Luv nach Segelaufholen	Sturz nach Lee durch Vorbeugen
WAS PASSIERT	Unmittelbar, nachdem der Surfer sein Rigg aus dem Wasser gezogen hat, stürzt er nach Luv, also rücklings ins Wasser.	Nach dem Freikommen aus dem Wasser wird der Mast nahe an den Körper gezogen. In dieser Position verliert der Surfer das Gleichgewicht nach hinten und steigt rückwärts vom Brett ab.	Der Leesturz passiert schon, während das Segel aufgeholt wird, oder erst, wenn der Surfer den Mast packt. Manchmal geht der Surfer auch erst dann baden, wenn er die Füße wechseln will.
KORREKTUR	Das Gegenmittel ist ganz einfach: Kurz bevor das Schothorn vom Wasser freikommt, legst du eine kleine Pause ein. Kontrolliere noch einmal die 90-Grad-Position und ziehe mit viel Gefühl und deutlich weniger Krafteinsatz das Rigg soweit zu dir, bis du den Mast mit der vorderen Hand bei ausgestrecktem Arm greifen kannst.	Sobald du das Segel aus dem Wasser gezogen und den Mast erfasst hast, lässt du das Rigg am ausgestreckten Arm nach Lee hängen. Dabei befindet sich das Schothorn knapp über dem Wasser. In dieser Position hilft dir das Rigg, die Balance zu halten.	Um solche Situationen zu verhindern, ziehst du das Rigg zu dir ran. Bleibe dabei aufrecht stehen und setze das Körpergewicht dosiert ein. Ziehe das Rigg langsam aus dem Wasser und lasse es ruhig in einer instabilen Situation wieder etwas zurücksinken, anstatt sich beim Aufholen unsinnigerweise nach vorne zu beugen.
ERKLÄRUNG	Beim Segelaufholen aus dem Wasser ist kontinuierlich weniger Kraft nötig, je weiter das Segel vom Wasser freikommt. Solange das Rigg noch ganz oder teilweise im Wasser liegt, gelingt es leicht, sich den veränderten Kräften anzupassen. Beim völligen Auftauchen nimmt der Widerstand so plötzlich ab, dass man vorbereitet sein muss.	Sobald das Rigg am ausgestreckten Arm in Lee hängt, wirkt es wie die Balancierstange eines Seiltänzers. Wenn du das Gleichgewicht zu verlieren drohst, ziehe das Segel zum Körper ran.	Auf einem Surfbrett vorgebeugt zu stehen ist eine extrem wackelige Angelegenheit. Um in dieser Position ein Segel aus dem Wasser hochzuholen, setze zur Stabilisierung einen Fuß nach »vorne« Richtung Kante. Ergebnis: Das Board kippt und wirft den Surfer ab.

Sturz nach Luv mit dem Rigg

Beim Leichtstellen des Riggs verliert der Surfer sein Gleichgewicht und kippt samt Segel seitlich nach Luv vom Brett.

Sturz nach Luv nach dem Anfahren

Beim Anfahren verliert der Surfer sein Gleichgewicht und fällt mit dem Segel nach Luv vom Brett.

Dreh' deine Fußspitzen schon beim Zurücktreten hinter den Mast leicht nach vorne. Aus diesem Stand kannst du problemlos dein Segel mit Hüft- und Oberkörperdrehung nach Luv holen, um zu starten.

Schon beim Segelaufholen solltest du die Füße sorgfältig in die Brettmitte stellen. Achte auch beim Positionswechsel immer genau auf den exakten Standort auf der Längsachse. Nur so erreichst du die größtmögliche Stabilität.

Quer zur Fahrtrichtung stehende Füße schränken eine Hüft- und Oberkörperdrehung nach Luv stark ein. Wer trotzdem sein Rigg leicht stellen möchte, muss es mit dem Arm seitlich am Körper vorbei nach Luv ziehen. Diese Position ist sehr unbequem, labil und die Ursache für den Sturz nach Luv.

Wenn der hintere Fuß nur mit dem Ballen auf der Längsachse oder gar ganz auf der Luvseite des Brettes steht, dann kippt das Brett nach Luv, sobald das volle Körpergewicht auf dem Fuß lastet. Steht auch der vordere Fuß neben der Längsachse, kippt das Board bei Belastungswechsel, und der Surfer verliert die Balance.

STARTEN

	Das Rigg fällt nach Lee ins Wasser	Balance verloren: Rigg fällt ins Wasser	Das Brett luvt beim Dichtholen an
WAS PASSIERT	Das Segel wird zum Anfahren dicht genommen, kippt dabei aber leider vom Surfer weg. Der Surfer kann den Zug nicht mehr ausreichend kontrollieren und lässt das Rigg nach Lee ins Wasser fallen.	Beim Dichtholen zum Anfahren kommt der Surfer aus dem Gleichgewicht und kann die Kräfte nicht mehr ausreichend kontrollieren. Als Folge lässt er das Rigg nach Lee ins Wasser fallen.	Gleichzeitig mit dem Griff an den Mast zieht der Surfer den Mast zu sich und holt das Segel dicht. Dabei luvt das Brett stark an, bevor es überhaupt richtig Geschwindigkeit aufnehmen kann.
KORREKTUR	Nachdem du den Gabelbaum mit der freien Hand gegriffen hast, ziehst du den Holm nur langsam zu dir heran. Lasse dabei das Rigg möglichst aufrecht oder (bei stärkerem Wind) zu dir geneigt stehen. Drehe das Segel nur so weit zum Wind, dass es optimal angeströmt wird. Lehne dich dem Zug entsprechend nach hinten.	Bleibe beim Dichtholen aufrecht stehen. Verlagere das Gewicht auf den hinteren Fuß und stütze dich mit dem vorderen nach vorn hin ab. Neige das Rigg dabei auf keinen Fall nach vorne.	Bevor du den Gabelbaum greifst und dicht holst, stellst du das Rigg vor dir ins Gleichgewicht. Erst wenn es von allein einen Moment stehen bleiben würde, fährt das Brett beim Beschleunigen auch geradeaus los.
ERKLÄRUNG	Wenn das Rigg beim Dichtnehmen vom Körper zum Bug hin kippt, dann kommt zum Segelzug als Folge des Dichtholens noch das Eigengewicht des Riggs hinzu. Der Zug auf der Masthand nimmt schlagartig zu. Die Standard-Reaktion ist das Loslassen, um nicht »mitgerissen« zu werden. Folge: Das Rigg kippt nach Lee ins Wasser.	Einer nach vorne wirkenden Kraft begegnet man am besten mit Körperrücklage und Gewichtsverlagerung auf den hinteren Fuß. Das vordere Bein stützt nach vorne ab, mit der Körperrücklage begegnet man dem Segelzug.	Steht das **killende** Segel im Gleichgewicht, ist es nicht nur gewichtsneutral, es entwickelt auch neutrale Steuerwirkung. Steht das Rigg etwas mehr in Lee, so **luvt** das Brett beim Dichtnehmen an, steht es etwas zu weit in Luv, **fällt** es beim Dichtnehmen **ab**.

? **ANLUVEN:** Brett dreht zum Wind. **ABFALLEN:** Brett dreht vom Wind weg. **KILLENDES SEGEL:** Das Segel flattert im Wind.

Sturz nach hinten, das Segel steht back	Sturz nach Lee beim Dichtholen	Sturz nach Lee beim Anfahren
Beim Dichtnehmen kommt der Wind plötzlich von vorne ins Segel und drückt den Surfer nach hinten vom Brett.	Sobald das Segel sich mit Wind füllt, entwickelt es unerwartet Zug. Diese Kraft kann nicht kontrolliert werden und verursacht den Sturz nach Lee – dem Segel hinterher.	Wenn der Surfer sein Segel dicht genommen hat, hängt das Rigg nach vorne Richtung Bug, obwohl der Gabelbaum ganz nah am Körper geführt wird.
Achte beim Dichtnehmen des Segels darauf, mit der **Segelhand** den Gabelbaum dosiert zu dir zu ziehen. Stehe dabei auf dem hinteren Bein und setze so den zunehmenden Zug in Fahrt um.	Erwarte beim Drehen des Segels zum Wind auch starken Zug im **Mastarm**. Gehe dabei dosiert zu Werke, so dass das Rigg aufrecht stehen bleibt. Ein aufrecht stehendes Rigg lässt sich leichter kontrollieren.	Stelle vor dem Anfahren mindestens den hinteren Fuß deutlich hinter den Mastfuß. Nur so gelingt es, das Rigg aufrecht zu halten und gleichzeitig dicht zu nehmen.
Der Wind drückt ins Segel, wenn der Gabelbaum mit der Segelhand weggedrückt wird, um Abstand zwischen sich und dem Gabelbaum zu schaffen. Dabei wird das vordere Bein belastet, der Mastarm gibt dem zunehmenden Druck nach. Dadurch erhöht sich der Druck noch und verursacht den Sturz.	Beim Dichtnehmen entsteht Zug im Segel. Kommt der Zug unerwartet, und steht der Surfer dabei noch unsicher (vorderer Fuß belastet, neben der Längsachse), wird der Mastarm unwillkürlich gestreckt. Das Rigg kippt nach Lee, der Zug erhöht sich noch mehr.	Der hintere Fuß muß mindestens so weit hinter dem Mastfuß stehen wie die halbe Gabelbaumweite. Wenn der Fuß näher am Mast steht, kann das Rigg beim Dichtnehmen nicht mehr bequem aufrecht gehalten werden.

MAST-/SEGELHAND: Die Hand am nächsten zum Mast, weiter entfernt vom Mast am Gabelbaum die Segelhand.
BACK STEHENDES SEGEL: Der Wind kommt von vorne ins Segel und drückt das Brett in eine Rückwärtsfahrt.

STRANDSTART

BEQUEM VOM STRAND STARTEN

Der Strand- oder Beachstart ist der erste Abschied vom Strick: Der bequeme Aufstieg im knietiefen Wasser spart Kraft, geht schnell und sieht cool aus.

Bevor du den Strandstart übst, sind konventioneller Start, Drehen, Fahren und Steuern abgehakt. Jetzt kommt der schnelle Aufstieg in die Könnerklasse, die Aufholleine verliert einen Teil ihrer Wichtigkeit. Aber der Beachstart ist nicht nur Imagepflege, sondern auch die erste und wichtigste Voraussetzung für den Wasserstart. Wer den Beachstart aus allen Positionen beherrscht, der lernt den Wasserstart sehr schnell. Der Grund liegt in den ähnlichen physikalischen Grundmustern.

Das Training beim Beachstart funktioniert am besten bei mäßigem Wind bis zu drei Beaufort. Der Wind kommt von der Seite, der Boden ist sandig, das Wasser gerade so tief, dass sich die Finne beim Aufstieg nicht in den Grund bohrt. Steine im Wasser sind Fuß- und Material-Fallen, die Zehen und Geldbeutel schmerzen.

Dieses elegante Showmanöver mit der Finne voraus zeigen die Könner, die ihr Brett im knöcheltiefen Wasser starten wollen. Für Einsteiger sind solche Küreinlagen noch nicht geeignet.

Schubkarre-Methode: Die Hand auf der Lee- (windabgewandten) Seite greift das Heck, die Luvhand zieht das Rigg über den Kopf. So sind Rigg und Brett fest im Gr

Also weit genug das Brett und Rigg ins Wasser schieben und immer daran denken, dass das Gabelbaumende auf gar keinen Fall ins Wasser tauchen darf. Sonst spielt das Rigg verrückt. Natürlich gibt es auch Tragetechniken, die sich aber eher für kleine und leichte Bretter und nicht für Einsteigerboards eignen.

Der Wind weht idealerweise parallel zum Ufer, die Surfer sagen sideshore. Dann liegt das Brett zum Starten in einer 90-Grad-Position zum Ufer. Diesen Kurs nennt man Halbwindkurs, vermutlich weil man mit Blick aufs Wasser den Wind nur auf einer Gesichtshälfte spürt.

Auch bei leicht auflandigem Wind ist der Strandstart noch recht einfach zu bewältigen.

Wind, der direkt vom Wasser kommt, bringt aber störende Wellen mit und macht den Start-Kurs schwierig.

Alle ablandigen Windrichtungen, also Wind, den du im Rücken spürst, machen den Strandstart zum Könner-Move. Die für den ablandigen Wind typischen Böen erschweren zudem das Ausrichten und Aufsteigen.

Ein wenig Übung ist bei Wellen nötig, weil sie das Brett immer wieder aus der gewünschten Richtung bugsieren. Wer in diesen schwierigen Bedingungen die Situation souverän im Griff haben möchte, der muss das Bord mit dem Rigg sicher um 180 Grad oder besser um 360 Grad drehen können. Das bedeutet viele Vorübungen, die auch bei Flaute funktionieren. Man teilt also das Training in eine Abteilung Ausrichten und Aufsteigen. So kann man das Training in sinnvolle Etappen einteilen und verliert keine Zeit mit Warten auf den passenden Wind.

Der Strandstart ist nebenbei auch die einzig funktionierende Methode für belebte Reviere.

Wer das Heck nicht festhalten kann, der hebt das Brett an einer der hinteren Schlaufen an. Das Rigg wird am Gabelbaum mit der Leehand hochgehoben. Achtung: Das Schothorn über dem Wasser halten.

GAS GEBEN MIT DEM GABELBAUM

Ein Surfboard kann beim Strandstart brav wie ein Schoßhund sein, wenn Du an der richtigen Stelle drückst und schiebst, ziehst und wegstößt.

Das Brett liegt im Wasser, beide Hände greifen den Mast, am besten oberhalb des Gabelbaums. So kann das Board nach vorn ins tiefere Wasser geschoben werden. Über den Mast lässt sich der Bug aber auch nach Lee oder nach Luv verschieben.

Viele Strandstart-Versuche setzen die hoffnungsvollen Aufsteiger in den Sand, weil sie durch andere Surfer, Bademeister und Gaffer abgelenkt sind. Such' dir deshalb ein ruhiges Plätzchen, wo nicht jeder »Wasser-Start« ironisch kommentiert wird.

Du hast also Board und Rigg ins Wasser geschoben, das Heck liegt auf dem Wasser, die Hand hat den Mast im Griff. Im nächsten Schritt richtest du das Board quer zum Wind aus. Gewöhne dich jetzt daran, neben dem Brett im Wasser zu stehen und es nur mit dem Mast in den Händen zu steuern.

Der Mast ist dabei wie ein Steuerknüppel, der den Bug des Brettes fernlenkt. Wenn du den Mast wegschiebst, bewegt sich der Bug wie von Geisterhand weg vom Wind; ziehst du den Mast zu dir, bewegt sich der Bug zum Wind. Wenn du dieses Steuerprinzip verstanden hast, kannst du 180- oder gar 360-Grad-Drehungen mit dem Brett ausführen. Bewege den Mast, als wolltest du mit ihm Suppe in einem riesigen Topf umrühren.

Im nächsten Schritt erfährst du die Riggkräfte durch Richtungsänderungen des Brettes. Dabei legst du die Segelhand auf den Gabelbaum, ohne zuzufassen. Fixiere das Board auf der Stelle, so dass du mit dem Rigg nach vorne zum Bug gehen kannst. Dabei wird das Segel zuerst mit dem Schothorn hochsteigen und, nachdem du die Mitte passiert hast, zum Bug hin wieder absinken.

Sind beide Hände dann am Gabelbaum, müssen Steuerung und Segelzug gleichzeitig kontrolliert werden. Das Brett fällt ab, sobald das Rigg nach Lee geschoben wird, und luvt an, wenn du das Rigg nach Luv schiebst.

Wenn die Steuerung funktioniert, kommt der angenehme Teil der Übung: das Aufsteigen. Liegt nun das Brett auf Halbwindkurs, wird der hintere Fuß hinter das Schwert gestellt. Dabei ist es anfangs schwierig, das Brett auf Kurs zu halten und gleichzeitig Zug zu entwickeln. Schon beim Starten und Fahren hast du gelernt, wie du durch Anziehen und Nachgeben von Mast- und Segelarm den Segelzug kontrollieren

Auf Halbwindkurs kann der hintere Fuß auf dem Deck Platz nehmen. Direkt hinter dem Schwertkasten und vor den hinteren Fußschlaufen steht er am besten. Der Mastarm wird nach vorne gestreckt und der Segelarm angezogen. Die Aufholleine liegt jetzt in aller Regel nah an der Luvkante des Brettes.

Mit einem kräftigen Zug bewegst du den Mast über den Kopf nach Luv, das Segel wird durch den Wind fast allein getragen. Reicht die Windkraft nicht ganz aus, um dem Segel Lift zu geben, muss der Surfer das Rigg am Gabelbaum stützen.

Jetzt wird nur noch der vordere Fuß hinter den Mast in Fahrposition auf die Brettlängsachse gestellt. Der Blick geht in Fahrtrichtung, die Segelstellung wird notfalls noch korrigiert, und ab geht die Post.

Das Rigg steht senkrecht, das Körpergewicht über dem hinteren Bein. Am senkrecht stehenden Rigg wird mit einem Gabelbaum-Klimmzug das Aufsteigen unterstützt. Das Rigg muss dabei aufrecht stehen bleiben.

kannst. Auch beim Strandstart dosierst du wie mit einem Gaspedal den Segelzug. Der hintere (Segel-)Arm hat dabei die Funktion des Gashebels. Anwinkeln bringt Zug ins Segel, beim Strecken weicht die Power aus dem Surf-»Motor«. Nur das Aufheulen der Zylinder fehlt.

STRANDSTART: TECHNIKCHECK

BLICK

ARM & RIGG

NACH VORNE SCHAUEN HEISST GERADEAUS STARTEN

Gerade bei komplexen Techniken beobachtet sich der Mensch gern selbst – und macht dabei Fehler. Wenn du das Brett und Rigg ausrichtest und dann aufsteigst und anfährst, musst du unbedingt nach vorne gucken. Schaust du dagegen deine Hände, Füße oder das Segels an, gerät das Brett schnell aus der Richtung. Weil aber die dann notwendigen Korrekturen noch nicht in Fleisch und Blut übergegangen wird, wird aus dem Startversuch ein Fehlstart. Nur wer ständig die Start- und Brettrichtung im Auge hat, wird erfolgreich den Takeoff schaffen.

ARM STRECKEN UND RIGG STEIGEN LASSEN

Damit das Segel den größtmöglichen Auftrieb entwickelt, muss es richtig angeströmt sein. Da das Rigg in der Ausgangssituation aber noch recht nah über dem Wasser steht und aerodynamisch alles andere als günstig s reicht Kraft für das Aufsteigen al nicht aus. Das Segel muss desha den ausreichend starken Lift steil gestellt werden. Also: Mastarm r vorne und oben strecken, dem Segelzug also gefühlsmäßig nach geben und mit dem Segelarm di

FUSS & KÖRPER

RICHTUNG W

ENDGÜLTIGE FUSSPOSITION EINNEHMEN

Die Stellung der Füße auf dem Brett spielt eine entscheidende Rolle. Ob die Fahrt geradeaus losgeht oder das Board nach Luv in den Wind schießt, hängt letztendlich von der Fußposition und der Fußstellung auf dem Brett ab. Der hintere Fuß steht nah beim Schwertkasten vor den hinteren Schlaufen. Die Zehen zeigen schräg nach vorne. Die Schulter und Hüfte sind zum Bug hin gedreht und erlauben ein frontales Aufsteigen zum Mastfuß hin. Der Fuß auf der Längsachse sorgt für die flache Brettlage auf dem Wasser.

AUFSTEIGEN NACH VORNE

Die Aufholleine bietet beim Strandstart eine willkommene Hilfe. Liegt das Board auf dem gewünschten Halbwindkurs, ist also ausgesteuert, hängt die Aufholleine lotrecht auf der Luvseite des Boards nach unten. Solange der Strick beim Lift parallel zur Brettkante nach vorne wandert, verläuft der Sta ohne Kursabweichungen. Die Auffholleine ist also so etwas v ein Kompass, der dir anzeigt, o du auf Kurs bist. Später, mit et

GABELBAUM-KLIMMZUG

Beim Segellift gibt es zwei Phasen: 1. Das Rigg hängt schräg über dem Wasser. 2. Das Rigg steht aufrecht über dem Brett. Solange das Rigg noch relativ flach über dem Wasser in der Luft liegt, reicht der aerodynamische Auftrieb für

...olen. Gleichzeitig muss die ...lüfte nah ans Brett und über ...en hinteren, auf der Längsachse ...tehenden Fuß gebracht werden. ...Mit leichten Pumpbewegungen ...vird das Rigg, vor allem bei ...eichtem Wind, so immer steiler ...gestellt, bis der Lift zum ...ufsteigen ausreicht.

einen Klimmzug am Gabelbaum nicht aus. Bei jedem Versuch, sich am Gabelbaum nach oben zu ziehen, wird das Rigg zum Wasser heruntergezogen. Erst wenn du dich so weit gestreckt hast, dass der Mast fast senkrecht auf dem Brett steht, bietet die »Turnstange«, der Gabelbaum, so viel Kraft, dass er bei deinem Klimmzug aufs Brett nicht mehr nachgibt.

ALLES IM LOT

Fuß und Körper zeigen beim Lift in Fahrtrichtung. Das Aufsteigen ist so ähnlich, als würde man seitlich eine Treppenstufe besteigen. Deshalb nicht frontal auf das Board steigen, sondern vorwärts. Sobald du die Planke nämlich frontal,

Routine, brauchst du diese Navigationshilfe nicht mehr. Die Richtung lässt sich dann genau so gut kontrollieren, wenn du in Fahrtrichtung voraus schaust.

also quer zur Fahrtrichtung, erklommen hast, luvt sie sofort an und wirft dich unweigerlich ab. Mit dem Blick nach vorne über die Brettspitze ist dagegen die Bewegungsrichtung für den gesamten Strandstart vorgegeben.

STRANDSTART: FEHLERANALYSE

	BRETT LUVT AN	BRETT LUVT AN	LUVSTURZ
FEHLER	Das Brett luvt beim Aufsteigen an, der Bug schießt in den Wind, der Start wird zum Fehlstart.	Du setzt den Fuß zu nah am Brettheck aufs Deck. Folge: Das Brett luvt an.	Du fällst nach Luv vom Brett, während du versuchst, dich am Rigg aufs Brett zu ziehen.
KORREKTUR	Steige zum Bug hin auf. Dabei sollten Schulter, Hüfte und die Füße in Fahrtrichtung zeigen. Schau' dabei immer zum Bug. Richte das Rigg nach vorne hin in die Senkrechte auf. Dabei schwingt die Aufholleine genau parallel zum Brett nach vorn.	Setze hinteren Fuß dort aufs Deck, wo er auch während der Fahrt steht.	Bringe deine Hüfte möglichst nah ans Brett. Stelle das Rigg so aufrecht wie möglich. Reicht der Segelzug immer noch nicht aus, um den Aufstieg zu unterstützen, richte das Rigg noch weiter auf. Hochziehen darfst du dich erst am aufrecht stehenden Rigg.
ERKLÄRUNG	Das Brett wird immer, auch wenn der Surfer neben dem Brett steht, über das Rigg gesteuert. Auch beim Lift hältst du das Brett mit dem Rigg auf Kurs. Würde man quer zur Fahrtrichtung aufsteigen, würde das Schothorn des Gabelbaums unwillkürlich Richtung Brettheck wandern. Folge: Das Brett würde anluven.	Der Grund für die unerwünschte Richtungsänderung wird meist durch eine Kettenreaktion verursacht: Beim Aufstiegsversuch taucht das Heck ab, der schräge Surfer nimmt das Rigg automatisch aus der neutralen Steuerposition nach hinten mit, das Schothorn nähert sich dem Heck, das Brett luvt an, der Start fällt in den Bach.	Beim Strandstart (übrigens auch Wasserstart) musst du dich immer aktiv nach oben strecken. Diese Streckung nach oben ist deshalb etwas schwieriger, weil die Haltestange ja nicht wie eine Reckstange fixiert, sondern leider sehr »entgegenkommend« ist, wenn der Wind nicht genug Gegendruck entwickelt. Dieser Druck ist übrigens umso stärker, je aufrechter das Rigg steht.

Beim Aufsteigen oder direkt danach zieht dich das Segel nach Lee.

Beim Ausrichten oder während des Aufsteigens kannst du den Zug im Rigg nicht mehr halten, es klappt mit dem Schothorn nach vorne.

Kontrolliere beim Aufsteigen ständig die Brettrichtung. Die Richtung der Windwellen und Orientierungspunkte an Land helfen dir, das Board auf Halbwindkurs zu halten.

Halte das Board beim Aufsteigen auf Halbwindkurs und bleibe nah am Heck. Sollte der Zug wieder zu stark werden, lasse die Segelhand los und richte das Brett neu aus.

Viele Surfaufsteiger starten häufiger auf Raumschotkurs. Das hat zuerst einmal den Vorteil, dass der Lift leichter wird. Sobald du aber auf dem Brett stehst, wird der Segelzug so stark, dass es dich wahrscheinlich vom Brett zieht. Auf Raumwindkurs ist das Rigg nur bei sehr leichtem Wind zu kontrollieren. Je mehr Wind, um so schwieriger gestaltet sich das Anfahren auf diesem tiefen Kurs. Meist gelingt es nicht, diesen unbändigen Zug in Fahrt umzusetzen. Starte also auf Halbwindkurs, auch wenn das Aufsteigen etwas mehr Aktivität von dir verlangt.

Solange du beim Ausrichten das Brett auf Halbwind halten kannst und nah am Heck stehst, ist es einfach, den Segelzug zu kontrollieren. Sobald das Board abfällt, nimmt der Segelzug zu. Gleiches geschieht, wenn du mit dem Rigg Richtung Bug gehst oder das Brett zurückschiebst, so dass du näher zum Bug kommst.

AUS FISCH WIRD VOGEL

Der Wasserstart gilt beim Windsurfen als eigentlicher Karrierebeginn: Aus Kraft wird Eleganz, aus einem Sturz kein Desaster, sondern ein leichtes Spiel mit der Physik.

Der Wasserstart hat etwas Mystisches. Ein schwimmendes Wesen verlässt das Wasser, aus einem Fisch wird ein vogelähnliches Geschöpf. Jeder Start aus dem Wasser ist so et-

Beim Lift den Blick um den Mast herum in die Fahrtrichtung beibehalten. Immer am Mast vorbei nach vorne schauen.

was wie ein Schritt in der Evolution der Menschheit. Deshalb beginnt die eigent-

liche Surferkarriere auch erst beim Wasserstart. Mit dem Lift aus dem Wasser

ist die Auffholleine zum evolutionären Überbleibsel degradiert, das nur noch bei Fastflaute einen seltenen Sinn bekommt.

Beim Training des Wasserstarts baut der Aufsteiger auf Erlerntem auf: Ausrichten von Brett und Rigg sowie der Lift funktionieren wie beim Strandstart. Nur der feste Boden unter den Füßen fehlt, weil der »Phönix« ja schwimmt und nicht steht.

Um die Wasserstart-Systematik zu üben, solltest du deshalb zuerst einmal in einem warmen, sicheren Stehrevier üben.

Dort spielt es keine Rolle, wie lange es dauert, bis Brett und Rigg in der günstigen Ausgangssituation

Den Mastarm strecken, das Rigg weiter in Fahrtrichtung steigen lassen und nach vorne zur Bugspitze hinaufsteigen: So einfach ist der Wasserstart.

zum Wind liegen. Im ersten Übungsabschnitt ist auch die Startrichtung unwichtig.

Hast du das Rigg erst einmal überlistet und aus dem Wasser bekommen, funktionieren Ausrichten und Aufsteigen genau wie beim »St(r)andstart«. Allerdings verlangt das Rigg eine noch sensiblere Führung. Auf jede Bewegung mit dem Segel folgt eine Reaktion. Das Ding dreht ohne Erlaubnis nach Luv oder Lee, plötzlich nimmt die Segelkraft zu oder ab, aus Zug wird ohne Vorwarnung Druck. Aber zum Trost:

Es geschieht nichts von selbst, alles hängt allein von dir ab. Deshalb noch einmal die Basics: Das Rigg ist an einem Punkt mit dem Brett befestigt und lässt sich in drei Ebenen frei bewegen. Schiebst du das Rigg seitlich nach rechts oder links, luvt das Brett an oder fällt ab. Dabei ist es egal, ob du den Gabelbaum (siehe Abbildungen unten) nach rechts verschiebst oder mit dem Rigg nach rechts schwimmst. Das Brett wird im abgebildeten Beispiel abfallen.

Der Segelzug nimmt zu oder ab, wenn das Rigg durch wechselndes Beugen und Strecken der Arme bewegt wird. Das funktioniert genauso wie an Land oder beim Fahren. Auch der Lift folgt den bekannten aerodynamischen Gesetzen: Steht der Wind-Fang aufrechter, hat er mehr Power, liegt er flach, ist das Rigg schlapp.

Schieben.
Zum Steuern das Rigg nach rechts oder links schieben. Um die Steuerwirkung zu verstärken, schwimmt der Surfer mit

Zug kontrollieren
Der Zug wird durch die Arme kontrolliert. Der Mastarm wird gestreckt und die Segelhand angezogen, um den Zug zu erhöhen. Die umgekehrte Bewegung hat entgegengesetzte Wirkung.

Steigen lassen
Wenn du den Mast steigen lässt oder ihn bei weniger Wind aktiv hochdrückst, verstärkt sich der Lift.

Aus der optimalen Ausgangsposition (siehe nächste Seite) wird das Heck an den Gabelbaum geschoben, bis der Mast gerade aus dem Wasser schaut. Mit beiden Händen auf dem Mast reichen einige Schwimmzüge rückwärts, bis das Segel komplett aus dem Wasser kommt.

DIE ARBEIT MACHT DER WIND

Der Wasserstart ist ein liegender Strandstart. Leider liegt auch das Rigg. Und diese neue Herausforderung geht der Aufsteiger jetzt mit zwei neuen Technikübungen an.

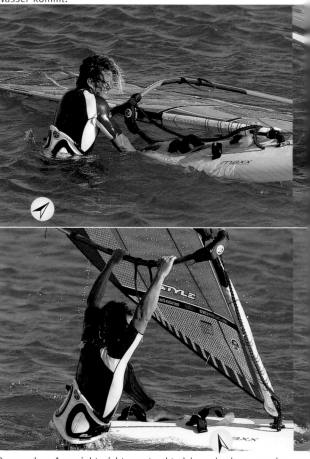

Im Wasser sieht die Welt etwas anders aus als aus dem Stand: Das Rigg lässt sich nicht mehr so leicht hin und her bugsieren wie beim Strandstart, und die Windorientierung ist zehn Zentimeter über der Wasseroberfläche auch nicht mehr so einfach wie in aufrechter Haltung.

Bevor du dir nun den Spaß durch unnötige Kraftakte beim Segelsortieren verdirbst, gehst du das Manöver einfach schrittweise an. Alle wesentlichen Elemente lassen sich gut an Land ausprobieren. Wenn du die Funktionen begriffen hast, folgt der nächste Schritt im knie- bis hüfttiefen Wasser. Dabei kommt's dann vor allem auf die neue Technik des Materialsortierens und des Wasserstarts eines Segels an. Die Übungen dazu lassen sich recht leicht im

Der vordere Arm zieht nicht, er streckt sich nach oben, um das Segel aufzurichten. Hüfte und Schulter werden über das Brett nach vorne zum Mastfuß gebracht. Das freie Bein unterstützt mit Schwimmbewegungen den Aufstieg.

Stehen oder kniend in hüfttiefem Wasser ausprobieren.

Das Praktische am Stehbereich: Du kannst, wann immer du willst, Pausen einlegen und wirst nicht nach Lee abgetrieben.

Vor den ersten Versuchen unter realen Bedingungen, helfen zwei Übungen, die dir zeigen, wie fit du schon für den Ernstfall bist:

Du stehst im hüfttiefen Wasser bereit zum Strandstart. Ohne aufs Brett stei-

Das freie Rigg wird schwungvoll über den Kopf gezogen. Sobald es über dem Kopf schwebt, fasst die Segelhand den Gabelbaum und holt leicht dicht.

Jetzt wird das Aufsteigen vorbereitet. Der Starter holt weiter dicht, das Rigg wird aufgerichtet, bis der Zug ausreicht, das hintere Bein aufs Heck zu legen.

Erst am aufrecht stehenden Rigg geht es mit dem Gabelbaum-Klimmzug weiter nach oben aufs Brett. Das vordere Bein kommt zum Mastfuß, die Fahrt kann losgehen.

gen zu wollen, holst du das Segel dicht und läßt dich vom Segelzug neben dem Brett herziehen. Zuerst läufst du noch neben dem Brett her, später legst du dich ins Wasser und lässt dich schwimmend mitziehen. Erst ohne Brettkontakt, später mit aufgelegtem hinterem Fuß. So lernst du den Segelzug als Freund und Helfer kennen und lernst, ihn exakt zu dosieren.

Der Wind sollte für diese Übung nicht zu stark sein, denn zu viel Gas verzeiht keine Fehler. Ideal sind etwa vier Windstärken. Man kann natürlich fehlende oder überschüssige Windkraft durch die Segelgröße ausgleichen.

RIGG LIEGT IN LEE MIT SCHOTHORN ZUM BUG

Das Ausrichten übst du am besten in einem wenig befahrenen Bereich mit stehtiefem Wasser. In den ersten Übungsstunden heißt das oberste Gebot: Kraft sparen. Dies gilt insbesondere für die Vorbereitung von Brett und Rigg im Wasser. Zuerst schwimmst du zum Heck (Bild 1). Stütze dich dabei auf das Brett. Dann werden Brett und Mast quer zum Wind gedreht (Bild 2). Die optimale Ausgangsposition ist erreicht. Bei allen weiteren Varianten geht es darum, mit wenig Kraftaufwand diese Position, – Mast und Brett quer zum Wind – zu erreichen.

RIGG LIEGT IN LUV MIT SCHOTHORN ZUM BUG

Auch in dieser Position hilft das Heck in der Hand, Kraft zu sparen. Das Brett wird in einen Winkel von 90 Grad zum Mast dirigiert. In einem Halbkreis dreht das Brett rückwärts um den Segelmittelpunkt (Bild 1+2). Erst wenn der Mast quer zur Windrichtung liegt, geht's mit dem Heck zum Gabelbaum. Die schon vorher beschriebene optimale Ausgangsposition ist erreicht.

RIGG LIEGT IN LEE-SCHOTHORN ZUM HECK

Liegt das Rigg mit dem Schothorn zum Heck und in Lee vom Brett, wird das Board vorwärts um das Rigg herumgeschoben, bis der Mast quer zum Wind liegt (Bild 1+2). Nun muss das Schothorn von Luv nach Lee. Das Gabelbaumende wird angehoben. Hierbei stützt man sich auf dem Heck ab, der Wind greift unter das Segel, es schlägt um. Wird das Heck zum umgeschlagenen Segel geschoben, befindet es sich wieder in der optimalen Ausgangsposition (Bild 3+4).

RIGG LIEGT IN LUV-SCHOTHORN ZUM HECK

Nur in dieser Situation schwimmt man mit dem Schothorn in der Hand nach Luv. Mit der andern Hand stützt man sich auf dem Heck ab (Bild 1). Das Schothorn muss etwas hochgehalten werden, so wird ein Abtauchen verhindert. Bis der Mast wieder quer zum Wind liegt, schwimmst du rückwärts (Bild 2). Das Schothorn wird angehoben, der Wind kann unter das Segel greifen und es umschlagen (Bild 2). Jetzt noch das Heck zum Mast schieben, und die optimale Ausgangsposition ist wieder erreicht (Bild 3).

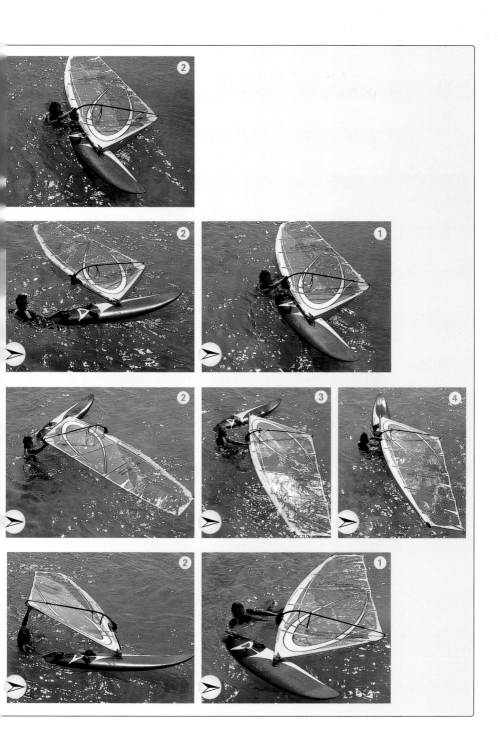

STARTEN

BLICK

Der Blick in Fahrtrichtung steuert das Aufsteigen.

RIGG

Den vorderen Arm nach vorne und oben strecken. So richtest du das Rigg auf.

HÜFTE

Die Hüfte nah ans Brett bringen und nach vorne aufdrehen.

Der Blick steuert maßgeblich die Bewegungsrichtung. Er dient der Orientierung und unterstützt die Bewegung in Blickrichtung. Beim Wasserstart lässt sich das Phänomen diesen Automatismus besonders effektiv nutzen. Der Blick nach vorne gibt den Kurs in die gewünschte Richtung vor. Bei ungewolltem Anluven sollte man sich zuerst einmal klar werden, wohin der Blick ging. Oft ist die Ursache für das Abkommen vom Kurs ein Blick auf die Füße, die Hände oder einfach ins Segel. Besonders deutlich reagiert das Brett beim Blick nach oben ins Segel. Meist streckt sich der Körper dabei automatisch ein wenig, die Füße schieben das Heck vom Körper weg und der Bug gerät so zwangsläufig in den Wind.

Es reicht zum Aufsteigen meist nicht aus, das Segel nur in den Wind zu halten. Nur aktives Aufrichten der Segelfläche verhindert lange Schwimmeinlagen und endlose Wasserstartversuche. Durch Strecken des Mastarms und Anziehen der Segelhand steigt das Rigg Stück um Stück weiter in die senkrechte Position. Während des gesamten Aufstiegs muss der Segelzug aktiv kontrolliert werden.
Beim Üben hilft es, den Gabelbaum etwas tiefer als auf Schulterhöhe anzuschlagen und mit der Masthand die Gabel an der

größten Krümmung zu greifen. Der Mast steht so bei gleicher Ausgangslage etwas höher, das Rigg erzeugt mehr Lift.

Maßgeblich beeinflussen auch die Hüft- und Schulterstellung, ob die Fahrtrichtung beim Aufsteigen beibehalten werden kann.

Das Aufsteigen beim Lift lässt sich am ehesten mit seitlichem Treppensteigen vergleichen, es ist so, als würde man eine breite Treppenfront diagonal hochsteigen. Dabei zeigen Hüfte und Schulter nach vorne und in der Regel diagonal zur Treppe in Gehrichtung.
Genau so steigt man beim Strand- oder Wasserstart aufs Brett, Schulter und Hüfte zeigen in Fahrtrichtung.
Beim Treppensteigen befindet sich die Hüfte über dem gerade hochdrückenden Bein. Genau da soll die Hüfte auch beim Lift hin, also so nah wie möglich an den Fuß über dem Brett.

FUSSPOSITION

Den Fuß so aufs Brett stellen, als würde man gleich losfahren.

Grundsätzlich steht man beim Anfahren, egal ob nach dem Schotstart, Strandstart oder Wasserstart, im Volumenzentrum des Brettes. Hier ist der meiste Auftrieb und damit die größte Stabilität zu erwarten.
Wie beim Anfahren nach dem Segelaufholen stehen beim Wasserstart die Füße

sinnvollerweise schon bei der Vorbereitung in der späteren Fahrposition. So taucht das Heck beim Aufstieg nicht tief ab, unnötige Schritte beim Anfahren und damit verbundene Balanceprobleme werden vermieden.
Der vordere Fuß wird direkt hinter den Mast oder – je nach Brettgröße und Windbedingungen – etwas weiter hinten platziert.

START-SIMULATION

Schon bei wenig Wind lässt sich der Wasserstart vorbereiten. Anstatt auf Wind zu warten, bereiten die folgenden Übungen den Wasserstart Schritt für Schritt vor. Geübt wird immer in beide Richtungen.

Bei leichtem Wind lässt sich auf Halbwindkurs die Riggführung beim Aufstehen üben. Zuerst soll die Standsicherheit verbessert werden. Hebe wechselweise die Knie an, erst langsam, später als würdest du joggen. Nun hocke dich hin und bleibe dabei auf Halbwindkurs. Weiter geht's mit Hinhocken und Wiederaufstehen im zügigen Wechsel. Zuletzt wechsle zwischen Hinknien und Aufstehen (siehe Bild).

In der zweiten Stufe erhöht sich der Schwierigkeitsgrad. Wir fahren jetzt Roller auf dem Brett, indem wir ein Bein vom Board nehmen. Es folgt der Tiefen-Test. Du steckst im Fahren das Bein bis zur Wade, zum Knie und über das Knie ins Wasser und stehst zwischendurch immer wieder auf.

Dem Wasserstart noch ähnlicher ist das Surfen im Sitzen. Wiederholtes Hinsetzen und Wiederaufstehen simuliert den letzten Teil beim Lift sehr realistisch. Zur Steigerung lasse vorher das vordere Bein noch im Wasser schleifen. Wenn du es schaffst, in beide Richtungen ein Bein bis zur Hüfte abzusenken und wieder aufzustehen, ohne vom Halbwindkurs abzukommen, dann bist du fast schon am Ziel.

STARTEN

	Segel liftet	Schleudersturz	Brett luvt beim Ausrichte
FEHLER	Der Segelzug nimmt ab, wenn beide Arme gestreckt sind, oder wenn das Rigg zum Körper gezogen wird. Der Surfer kann sich nicht mehr über Wasser halten.	Beim Aufsteigen entfernt sich die Hüfte vom Brett. Daraufhin fällt das Brett deutlich über den Halbwindkurs ab. Das Rigg zieht mit zunehmender Kraft den Surfer aus und über das Brett nach Lee wieder ins Wasser.	Sobald das Rigg vom Wasser freigekommen ist und angeströmt wird, luvt das Board an. Dabei befindet sich der Mast gerade über deinem Kopf oder in Lee neben dem Kopf.
KORREKTUR	Den Segelzug kontrollierst du mit dem Segelarm und dem Mastarm. Um noch mehr Zug zu entwickeln, streckst du den vorderen Arm nach vorne und oben. Gleichzeitig ziehst du mit dem Segelarm mehr Wind ins Segel.	Um den Schleudersturz nach einem fulminanten Lift zu verhindern, steigst du nur auf Halbwindkurs auf. Behalte die Position zum Brett bei und richte das Rigg weiter auf.	Ziehe das Rigg am Mast schwungvoll und weit nach Luv. Hierbei streckst du den Mastarm richtig zur Seite. Wenn du mit der freien Hand noch das Brett hältst, dann muss der Mast ausreichend weit in Luv sein und das Brett auf Kurs halten.
ERKLÄRUNG	Das Rigg muss aktiv mit Wind gefüllt werden. Nur eine laminare (siehe auch Seite 100) Anströmung erzeugt den Lift. Die laminare Anströmung ist gegen Störungen allerdings sehr anfällig und muss ständig mit dosiertem Dichtholen und Fieren erhalten werden.	Beim Wasserstart entwickelt das Rigg auf Raumwindkurs viel Zug. Diese Kraft wirkt allerdings nur am Schothorn nach oben. Das Segel will nämlich umklappen, wenn der Surfer mit dem Rigg dem Bug zu nahe gekommen ist.	Wenn du im Wasser schwimmst und keinen direkten Kontakt zum Brett hast, funktioniert die Riggsteuerung: Schothorn nach Lee bewirkt ein Anluven und der weit nach Luv geschobene Mast ein Abfallen.

Die Segelkontrolle reicht aus, um den hinteren Fuß auf das Board zu bringen. Sobald der Fuß auf dem Heck liegt, dreht das Brett mit der Spitze in den Wind.

Der Lift gelingt einigermaßen. Dann aber luvt das Brett beim Aufsteigen stark an, es folgt ein Sturz nach Luv.

Setze den hinteren Fuß da auf, wo du beim Losfahren stehen wirst. Stelle ihn auf jeden Fall auf die Brettlängsachse und bei einem Board mit Schwert direkt hinter oder vor den Schwertknauf. Bei einem schwertlosen Brett platziere den hinteren Fuß vor oder hinter die vorderen Fußschlaufen.

Steig einfach Richtung Bug hin auf. Strecke den Mastarm nach vorne oben und schaue in Fahrtrichtung. Behalte während des gesamten Lifts den Halbwindkurs bei.

Wird das Heck mit dem hinteren Fuß beim Aufsteigen zu sehr belastet, steigt der Bug. Als Reaktion steigt der Wasserstarter quer zur Fahrtrichtung auf. Folge: Das Brett luvt an. Und zwar schon dann, wenn das hintere Bein gestreckt wird.

Das Rigg muss während der gesamten Aufstiegsphase in einer steuerneutralen Stellung bleiben. Beim Aufsteigen quer zur Fahrtrichtung dagegen wird das Rigg zwangsläufig mit dem Schothorn zum Wasser gesenkt, als Folge luvt das Brett an. Der Akteur hat keinen Platz zum Stehen und steigt postwendend wieder ab.

FAHREN

SPASS IST EINE FRAGE DES STANDPUNKTES

Dein Board kann ein Fels oder ein Wackelpeter sein – je nachdem, wo du stehst. Den richtigen Standpunkt zeigen wir in diesem Kapitel.

Auf einer Yacht kannst du rumtrampeln wie auf einem Lkw – dem Trimm schadet das kaum. Ein Board dagegen ist so sensibel wie ein Flugdrachen: Kleinste Falschbelastungen bringen die Bonsai-Yacht aus ihrer Balance. Bestenfalls ist dann der Trimm so versaut, dass das Brettchen schwimmt wie eine Fähre, der die Ladung verrutscht ist. Schlimmstenfalls geht der Skipper unfreiwillig von Deck. Auf den richtigen Stand-

Die perfekte Fahrstellung: Die Füße schulterbreit auf der Längsachse im Auftriebszentrum, das Gewicht liegt auf dem hinteren Bein.

Schon beim Anfahren wird diese Fahrstellung eingenommen. Um das Rigg »leicht zu stellen«, also so zu stellen, dass es für kurze Zeit allein stehen bleiben würde, wird das hintere Bein belastet (Bild 1). Jetzt kann das Rigg am Körper vorbei und in diese neutrale »leichte« Position gebracht werden. Der vordere Fuß macht dem Mast Platz (Bild 2+3). Das geht besonders einfach, weil der hintere Fuß genau im Zentrum steht und das Brett stabil im Wasser liegt.

Dieses Board schwebt fast übers Wasser – die Füße in den Schlaufen versuchen, das Board in einer flachen Gleitlage zu halten.

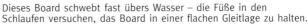

punkt kommt es also an. Und der liegt über dem Volumenzentrum, oder einfacher in der Brettmitte. Die gibt's allerdings zweimal: erstens längs und zweitens quer. Keine Gnade kennt das Board bei der Brettlängsachse: Je genauer die Füße auf dieser gedachten Linie stehen, desto weniger wackelt das Schnittchen. Anders dagegen bei der Querachse: Hier liegt das Zentrum nicht immer in der Mitte des Brettes. Vielmehr geht es um das Auftriebszentrum, das sich mit zunehmender Geschwindigkeit nach hinten und mit abnehmender wieder nach vorne verschiebt. Hebt sich die Brettnase weit aus dem Wasser, wandert der Surfer nach hinten, senkt sie sich, geht's wieder nach vorne. Diese Tricks allerdings gehören ins Kapitel Angleiten.

FAHREN

FUSSPOSITION

Sicher stehst du auf der Längsachse hinter dem Mast. Die Fußspitzen zeigen leicht zum Segel, und das Gewicht lastet auf dem hinteren Fuß.

RIGG & KÖRPERPOSITION

Stelle dich aufrecht hin. Halte das Rigg aufrecht und im Gleichgewicht. Kontrolliere ständig den optimalen Anstellwinkel vom Segel zum Wind.

Wenn du verschiedene Positionen auf dem Brett selbst ausprobierst und darauf achtest, wo du am stabilsten stehst, wirst du den besten Standpunkt selbst herausfinden. Beachte die Checkpunkte: Wann kannst du das Rigg bequem ins Gleichgewicht bringen? Mit den Füßen quer zur oder genau in Fahrtrichtung oder mit den Zehen zum Segel? Mit welchem Stand auf der Längsachse kannst du schnell und sicher reagieren – mit schmaler oder weiter Fußstellung? Wann kannst du das Brett leichter schaukeln, mit den Füßen genau über der Längsachse oder mit den Füßen rechts und links davon? Wie begegnest du dem Segelzug am besten, mit dem Körpergewicht vor/über dem vorderen oder dem hinteren Fuß?

Probiere aus, ob sich deine Fahrposition wirklich so sicher anfühlt. Testkriterien: Wann kannst du das Rigg mit wenig Kraft kontrollieren? Lass das Rigg nach Lee hängen, stell' es wie in der Abbildung aufrecht und kipp' es dann zu dir hin. Wann kannst du das Rigg feinfühlig zum Wind einstellen? Wie ist der bequemste Griff am Gabelbaum? Sehr breit, schulterbreit oder ganz eng? Mit normalem Griff oder Affengriff von unten? Wie stehst du am bequemsten? Weit vorgebeugt, locker aufgerichtet, steif wie ein Brett oder weit zurückgelehnt?

FEHLER	KORREKTUR	ERKLÄRUNG
Fußspitze zeigt nach Lee	Die Fußspitzen sollen zum Segel zeigen. Zumindest der vordere Fuß muss so stehen. Besser ist es, wenn beide Füße leicht nach vorne gedreht stehen.	Wenn die Fußspitzen nach Lee zeigen, kann die Hüfte nur ein wenig in Fahrtrichtung gedreht werden. Damit wird es unmöglich, das Rigg ohne Verrenkungen ins Gleichgewicht zu holen.
Füße stehen weiter als schulterbreit	Stelle die Füße schulterbreit auf die Längsachse. Auf einem Schwertbrett steht der hintere Fuß direkt am Schwertknauf (je nach Boardtyp davor oder dahinter), der vordere Fuß kurz hinter dem Mast.	Eine breite Standposition bietet mehr Stabilität nach vorne und hinten. Nachteilig wirken sich aber die deutlichen Brettreaktionen auf Belastungswechsel aus. Auch schränkt der »sichere« Stand Reaktionen mit dem Segel ein.
Blickkontrolle Hände & Füße	Schau' nach vorne. Wenn du die Fuß- oder Segelstellung kontrollieren möchtest, dann reicht ein kurzer Kontrollblick; danach schau' wieder nach vorne.	Der Blick auf die Hände, die Füße oder das Rigg ist typisch für Einsteiger. Natürlich möchte jeder sehen, ob er das Bild aus seinem Kopf auf dem Wasser umsetzt. Dieser Kontrollblick behindert allerdings das Gleichgewicht.
Rigg hängt nach Lee	Stell' das Rigg aufrecht (siehe Bild Rigg & Körperposition) hin. Kontrolliere, wie nah du am Mast stehst. Geh' etwas zum Schwert. Lehne dich dazu leicht nach hinten und vor allem über den hinteren Fuß.	Stehst du mit den Füße zu nah am Mast, fällt es schwer, das Rigg aufrecht hinzustellen. Liegt das Körpergewicht über dem vorderen Fuß, so bringt schon ein klein wenig zu viel Segelzug das Rigg in die hängende Stellung.
Vorgebeugter Stand	Stell dich aufrecht und bequem hin. Belaste dabei den hinteren Fuß und bringe den Schwerpunkt über den Fuß oder leicht dahinter.	Surfen ist hier mit Tauziehen vergleichbar: Wer sich vorbeugt, hat Nachteile. Vorgebeugt gibt es weniger Optionen, den Segelzug zu kontrollieren, der Stand ist wesentlich instabiler.
Segel steht back	Ziehe den Segelarm zu dir heran. Auch oder gerade wenn du viel Druck spürst. Der Druck wird sofort zum Zug, wenn du nur das Segel zum Wind drehst und gleichzeitig ziehst.	Entweder aus einer Unsicherheit heraus oder aus Angst vor der Nähe zum Rigg wird das Rigg gegen den Wind gedrückt. Sofort kommt der Wind von vorne ins Segel und drückt den Surfer und das Brett nach hinten.
Segel überzogen	Fiere das Segel soweit auf, bis das Vorliek zu flattern beginnt. Hole dicht, bis es gerade wieder mit Wind gefüllt ist. Bei Lattensegeln fühlst du bei der richtigen Segelstellung weniger Zug, und das Brett beginnt wieder zu fahren.	Das Segel funktioniert ähnlich wie die Tragfläche eines Flugzeuges. Auf Veränderungen der Anströmung reagiert es mit Strömungsabriss und dem Verlust von etwa zwei Drittel seiner Vortriebskraft.

KURSE ZUM WIND

KURSBUCH: JE NACH RICHTUNG GIBT'S BUMMELZUG ODER ICE

Der Raumwindkurs ist schnell.
Der Halbwindkurs ist schwierig.
Der Amwindkurs ist anstrengend.
Der Vorwindkurs ist langsam.

Auf dem Wasser gibt es keine Straßen und Wegweiser. Wohin die Reise geht, bezeichnen Surfer und Segler mit Kursen, die sich immer am Wind orientieren.

Amwindkurs: Der Weg nach Luv kostet Zeit und Kraft

Surfer können bis maximal 45 Grad gegen den Wind ansegeln. Diese Fahrtrichtung heißt Amwindkurs. Wer ein Ziel in Luv ansteuern will, muss mit mehreren Wenden und wiederholten Amwindkursen gegen den Wind kreuzen. Ein langer und anstrengender Weg. Die Segelkraft wirkt viel mehr als auf anderen Kursen seitlich zur Fahrtrichtung. Sie erzeugt eine Abdrift bei geringem Vortrieb. Das bedeutet hohe Haltekräfte bei geringer Geschwindigkeit. Je spitzer der Weg zum Wind wird, um so langsamer wird der Surfer. Der kürzeste Weg zum Ziel in Luv ist deshalb nicht immer der schnellste. Ein kleines Stück vom höchstmöglichen Kurs abzufallen, erhöht die Geschwindigkeit und verringert die Abdrift. Auf der Suche nach dem optimalen Weg zum Ziel in Luv musst du ständig die Segelstellung kontrollieren.

Halbwindkurs: Autobahn verlangt Konzentration

Vom Amwindkurs kommt man durch Abfallen auf den Halbwindkurs, etwa quer zur richtigen »atmosphärisen« Windrichtung. Dabei beschleunigt das Brett deutlich. Die Kraft, die dich in Fahrtrichtung zieht, ist dabei größer, die Querkraft kleiner. Der Halbwindkurs gilt als Lieblingskurs der meisten Surfer, weil sie das Rigg leicht kontrollieren können und dabei ziemlich schnell werden. Zudem führt der Halbwindkurs ohne Umwege wieder zurück zum Ausgangspunkt. Bei hoher Geschwindigkeit im Vollgleiten allerdings erfordert der Kurs höchste Konzentration. Nur ein konsequent dicht gezogenes Segel und volle Segel und hohe Körperspannung garantieren eine schnelle und kontrollierte Fahrt.

Raumschotkurs: Die pure Geschwindigkeit

Schräg vor dem Wind geht die Fahrt beim Raumwindkurs. Die Segelkraft zeigt schräg in Fahrtrichtung und erzeugt geringe Querkräfte. Selbst auf großen Boards

Kurs-Bestimmung: Auf dem Amwindkurs arbeitet man sich schräg gegen den Wind in Windrichtung vor. Der Halbwindkurs ist trotz hoher fahrtechnischer Ansprüche der Sahnekurs. Raumschots erreichst du die höchsten Geschwindigkeiten. Der Vorwindkurs ist für Surfer der Qualkurs und ist deshalb verpönt.

kannst du die Gleitschwelle überwinden. Den puren Gleitrausch bescheren – starken Wind vorausgesetzt – die leicht kontrollierbaren Gleitbretter.

Leider führt der Weg schräg vor dem Wind weit weg vom Startpunkt. Damit der Rückweg nicht zu lang wird, empfiehlt es sich, zuerst weit nach Luv zu kreuzen und danach zum Ausgangspunkt zurückzuspeeden.

Vorwindkurs: Der direkte Weg ist ein Eiertanz

Der Vorwindkurs führt direkt nach Lee. Direkt vor dem Wind wirkt das Segel nur als Wand. Entsprechend langsam geht es voran. Von hinten anrollende Wellen und der Stand links und rechts von der Längsachse machen aus dem Vorwindkurs einen anstrengenden Eiertanz. Auf Funboards fährt deshalb niemand platt vorm Wind nach Lee, sondern raumschots mit vielen schönen Halsen.

WINDSURFEN IST EINE DRUCKSACHE

Ein Segel verhält sich genauso wie ein Mitmensch: Wenn man beide versteht, kann man sie besser lenken. Den Zug und Druck zum Steuern setzt man so geschickt ein, dass er größtmöglichen Nutzen bringt.

Der Wind
Keine Entscheidung ist schwieriger als die Wahl der richtigen Segelgröße. Die Windstärke machen nur Anhaltspunkte wie Bäume oder Schaumkronen sichtbar. Die so genannte Beaufortskala beschreibt deshalb die Windstärken von Null bis Zwölf nach optischen Merkmalen von der Windstille bis zum Orkan.
Surfers Benzin – der Wind
Der atmosphärische Wind lässt Gräser, Fahnen oder ein Segel in der Grundstellung nach Lee auswehen. Sobald das Brett fährt, kommt durch die Fahrt erzeugter Fahrtwind hinzu. Das Ergebnis wird spürbar als relativer Wind. Etwas kompliziert wird die Sache, weil jede Änderung der Brettgeschwindigkeit und -richtung und der Windstärke diesen relativen Wind verändert. Deshalb muss der Surfer ständig seine Segelstellung korrigieren. Bei leichten Windbedingungen sind die Änderungen kaum merklich. Mit zunehmender Windgeschwindigkeit aber werden sie deutlich spürbar und verlangen eine geübte Hand.
Der relative Wind ist der Grund für die Geschwindigkeitsunterschiede auf den verschiedenen Kursen. Auf Amwindkurs fällt der relative Wind schwächer aus als auf Raumwindkurs. Der Voll-Versager ist der Vorwindkurs: Hier steht das Segel in einem ungünstigen Anstellwinkel nur als Hindernis wie ein Regenschirm im Wind und taugt als Motor nur mäßig.
Surfers Motor – das Segel
Hält der Surfer das Rigg nur am Mast, treibt der Wind Mensch und Gerät genau nach Lee, weil das Segel dem Wind Widerstand entgegensetzt. Ein perfekt angeströmtes Segelprofil aber kann als Motor deut-

lich mehr aus der angebotenen Windenergie herausholen. Die meiste Power entwickelt es in einem 15- bis 20-Grad-Winkel zum Wind. Dann funktioniert das Segelprofil wie ein senkrecht in der Luft stehender Flügel. Die jeweils beste Segelstellung herauszufinden erfordert viel Gefühl – es gibt leider

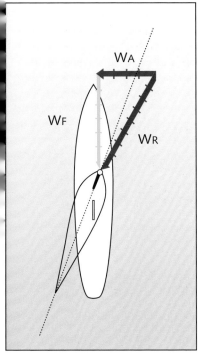

keine optischen Anhaltspunkte für die optimale Segelstellung. Es sei denn, man nimmt beim Speedduell den Freund als Maßstab.
Aber nicht nur die optimale Segelstellung, auch die Kraftübertragung spielt eine Rolle bei der Ge-

schwindigkeit: Die Windkraft wird nämlich über den Körper und den Mastfuß auf das Brett übertragen und in Fahrt umgesetzt. Damit das Brett nicht zur Seite wegdriftet, halten Finne und Schwert die Planke auf Kurs. Aber auch die lange Kante des Boards wirkt der Abdrift entgegen. Deshalb läuft ein langes Board mit scharfen Kanten mehr Höhe auf Amwindkurs als ein kurzes Funboard.

Surfers Steuer: das Segel

Das Segel sorgt als Motor nicht nur für den Vortrieb, es dient ähnlich wie ein Außenboarder-Bootsmotor gleichzeitig auch als Steuer. Die Steuerwirkung ergibt sich physikalisch aus der Verschiebung der jeweils am Kraftmittelpunkt ansetzenden und genau gegenläufig wirkenden Kräfte von Rigg und Brett. Der Kraftmittelpunkt am Segel wird als Segelzugpunkt (oft hört man auch Segeldruckpunkt) bezeichnet. An diesem gedachten

Punkt könnte man das Rigg ausbalanciert mit einer Hand halten (wenn man an diesem Zugpunkt einen Griff ins Segel schrauben würde). Dabei zöge die Segelkraft genau in Armverlängerung vom Körper weg.
Der Kraftmittelpunkt am Brett wird Lateraldruckpunkt genannt. Er liegt genau da, wo das Brett mit nur einer Hand seitlich durchs Wasser geschoben werden kann, ohne dabei zu drehen. Er wirkt dem schiebenden Arm genau entgegen. Liegen beide Kraftmittelpunkte auf einer Senkrechten übereinander, fährt das Brett geradeaus. Will der Surfer den Kurs ändern, bringt er den Segelkraftmittelpunkt einfach nach vorne (zum Abfallen) oder nach hinten (zum Anluven). Windsurfen ist eben eine Drucksache.

VOM TRABBI ZUM SPORTWAGEN

Den Wechsel aus der langsamen Verdrängerfahrt ins Gleiten erlebt der Surfer wie den Umstieg vom »Trabbi auf einen Sportwagen«. Wer einmal im Gleiten war, den lässt das Gleitfieber nicht mehr los.

Wenn ein Surfer das Gleitgefühl beschreiben will, dann greift er nach den Sternen: Gleiten fühlt sich an wie Fliegen ohne Höhenangst, Schwerelosigkeit ohne Kraftanstrengung. Gleiten ist der Grund fürs Windsurfen überhaupt. Ohne diesen Ritt auf dem Brettheck wäre Windsurfen ein Badespaß für Strandflüchtlinge geblieben. Erst als es Bretter gab, die ohne große Überredungskunst aus der Verdrängerfahrt ins flüssige Gleiten gewechselt sind, hat Windsurfen mit seinem Höhenflug begonnen. Wenige andere Sportarten bieten diesen Gleitrausch mit so geringem Verletzungsrisiko.

Bevor dein Brett aber zum ersten Mal die Nase hebt und sich aufs Wasser legt, statt im Wasser zu pflügen, gibt's noch ein paar Übungseinheiten. Gleiten heißt nämlich: sich an hohe Geschwindigkeiten gewöhnen und das sichere Gefühl der Fußschlaufen genießen lernen. Viele Aufsteiger empfinden die Fußschlaufen anfangs noch als

Unser Model Olli steht nah am Mastfuß. Das Brett liegt flach auf dem Wasser. Durch dosiertes Dichtholen beschleunigt das Brett.

Mit zunehmender Geschwindigkeit holt Olli sein Segel dichter und beschleunigt so weiter. Behutsam schiebt er den ersten Fuß in die vordere Schlaufe.

Wird das Brett jetzt wieder langsamer, war entweder der Schritt zu früh oder der Belastungswechsel zu stark.

»Fußgefängnis« und fühlen sich eingeschnürt. Auch das Finden der Haltestellen bedarf einiger Übung. Aber der Lohn für die Anstrengung ist verschwenderisch.

Der Wechsel in die hintere Schlaufe ist noch einmal heikel. Möglichst ohne die Belastung auf das Brett zu verändern, hebt Olli seinen hinteren Fuß in die letzte Schlaufe.

Das Segel liegt jetzt mit seiner Unterkante (»Liek«) auf dem Brett. Die Schlaufen geben dem Surfer einen sicheren Stand und eine perfekte Kontrolle der Brettlage.

VOM FAHREN ZUM GLEITEN

WER DIE NASE HOCH TRÄGT, HAT DIE PHYSIK ZUM FEIND

Die freie Gleitlage ist das Geheimnis des Frühgleitens. Wer auf seinem Brett die Nase hochträgt, wird statt eines Gleitrausches nur verquirltes Wasser am Heck produzieren.

Das Gerücht hält sich hartnäckig, dass ein Standpunkt weit hinten auf dem Heck das sichere Ticket zum Gleiten sei. Wie viele Gerüchte stimmt das im Prinzip, aber leider nicht für den Einsteiger. Denn ein Board mit schwerer Hecklast fährt im prekären verdrängt mit der Fläche, auf der es eigentlich gleiten sollte, Wasser wie ein Ausflugsdampfer. Hinten gurgelt es dann, als hätte das Brett Halsweh. Ein Brett kommt dann ins Gleiten, wenn es die ideale Gleitlage eingenommen hat. Der Surfer steht im Vo-

volumen und -gewicht, vom Wind, vom Rigggewicht, von der Segelgröße und vom Körpergewicht des Surfers ab. Männer, die ordentlich was auf die Waage bringen jenseits der 90 Kilo, dürfen ihre Fußschlaufen auf keinen Fall weit hinten montieren. Sonst pflügen sie meist durchs Wasser oder müssen auf einen Orkan warten. Zarte Frauen, die ein kräftiges Heck willig erträgt, können dagegen weiter hinten Platz nehmen – wenn sie den großen Schritt nach hinten schaffen. Für die richtige Brettlage gibt es einen optischen und einen akustischen Indikator, die wir schon beschrieben haben:

Die ideale Gleitlage: Close the gap, das Schließen der Lücke, gilt für Vollgas-Surfer sowohl fürs Segel als auch fürs Brett. Die Nase liegt knapp überm Wasser, der Surfer steht im Volumenzentrum.

Zustand des Angleitens so flott wie der Trabbi einer kinderreichen Familie auf dem Weg in die Ferien. Beide sinken hinten ein. Das schwer beladene Heck lumenzentrum und belastet mit der Masthand den Mastfuß, der wiederum das Brett vorne runterdrückt. Wo das Zentrum liegt, hängt vom Board-

• Hebt das Brett die Nase, als würde es nach Luft ringen, ist das Brett viel zu steil angestellt, es hat keine freie Gleitlage.
• Hinterlässt das Heck eine

weiße Hecksee wie ein Schiff beim Manövrieren im Hafen, dann gräbt das Brett ebenfalls und wird nur schwer angleiten oder zumindest nicht freikommen.

Wie gesagt hängt der Übergang vom Pflügen zum Gleiten nicht nur von der richtigen Fahrtechnik ab. Material und Gewicht des Fahrers mischen auch mit in der Gleit-Physik. Es gibt eine Faustformel in der Testmannschaft des SURF-Magazins, mit der man seine Segelgröße ausrechnen kann: Zehn Kilo sind ein Quadratmeter Segelfläche. Bei oberen drei Windstärken, so die SURF-Experten, braucht ein 65-Kilo-Fahrer einem Neuner-Segel ins Rutschen. Diese Werte gelten für ein Brett mit 3,10 Meter Länge und 150 Liter Volumen.

Leider spielt auch das Brettgewicht eine verteufelte Rolle im Gleit-Werk. So haben die Tester herausgefunden, dass ein leichtes Board durchaus einen fetten Bauch ausgleichen kann. Konkret: Ein Board, das statt neun nur acht Kilo wiegt, gestattet seinem Fahrer ein Übergewicht von etwa zehn Kilo mehr.

Ganz anschaulich: Wenn Pete mit seinen 80 Kilo gleich schnell ins Gleiten kommen will wie Josh mit sein 70 Kilo, dann muss er Wer sich teure Fasern unter seiner Bretthaut nicht leisten will, muss eben dafür arbeiten. Wenn man mit dem Segel beim Angleiten richtig pumpt, statt in Wait-and-See-Pose draufzustehen, der kann den Gewichtsvorteil locker ausgleichen.

Aber Pumpen gehört eigentlich nicht in ein Aufsteigerbuch, weil es für Angleit-Aspiranten der sichere Weg in den Bach ist. Außerdem sollte man sich den schönen Sport nicht mit Arbeit versauen.

Ein größeres Segel nach den ersten Fahrfortschritten aber dürfte kein Fehler sein. Denn lieber ein großes Tuch als mit dem klei-

So würgt man alle Angleit-Bemühungen ab: Der Surfer steht für diese Phase des Angleitens schon zu weit hinten, das Heck gräbt im Wasser, das Brett hat zu wenig Gleitfläche im Wasser.

ein Siebener-Segel, ein zehn Kilo schwererer Athlet dagegen muss schon ein Acht-Quadratmeter-Segel aufziehen. Und ein 85-Kilo-Jumbo kommt gar erst mit sich ein um ein Kilo leichteres Board kaufen. Leider sind solche Boards auch ein paar Steine teurer – beim Surfbrettbau kostet weniger mehr. nen Lappen auf starken Wind warten. Denn bei starkem Wind kann man das Windsurfen so erfolgreich üben wie das Vokabeln-Pauken beim Fernsehen.

VOM FAHREN ZUM GLEITEN

DRITTES BEIN

Die Füße in die Schlaufen zu stecken ist nicht besonders schwierig. Dabei im Gleiten aber zu bleiben erfordert Feingefühl.

Bevor der Surfer eine feste Bindung eingeht, wandert sein Körperschwerpunkt Richtung Heck. Für die Schritte zurück wird aber ein drittes Bein notwendig. Dazu drückt die vordere Hand auf den Gabelbaum und damit indirekt auf den Mastfuß. Der Mast spielt also drittes Bein, auf dem vorderen Bein des Surfers lastet kein Gewicht – der befreite Fuß kann sich in Ruhe die Schlaufe suchen, ohne dass der Trimm des Boards verändert wird. Jedes Wackeln, jede Veränderung der Brettlage im Wasser bringt den »Schwebebalken« aus dem empfindlichen Gleitzustand zurück in die Verdrängerfahrt.

Als Vorbereitung für die Standortwechsel solltest du spielerisch die Fußpositionen wechseln:
– Stelle dich breitbeinig und dann wieder ganz eng hin.
– Stelle dich auf die Luv-/Leeseite.
– Stelle dich rechts und links neben die Längsachse.
– Tauche das Heck/den Bug tief ins Wasser.

Den Schrittwechsel in die Schlaufen trainierst du durch wechselndes Hochheben der Beine. Halte dabei das Brett im Wasser ruhig.

HINTERE SCHLAUFE FINDEN

Der Schritt in die hintere Schlaufe erfordert Übung. Taste dich langsam in die Nähe. Stelle den Fuß zuerst auf die Schlaufe, erst später dann in die Schlaufe.

Mit dem vorderen Fuß in der Schlaufe besteht schon eine gute Bindung zum gleitenden Brett, aber Vollgas geht nur mit den Füßen in beiden Schlaufen. Aber der zweite Schritt in die hintere Schlaufe ist nicht ganz einfach: Die relativ große Entfernung zur hinteren Schlaufe wird mit kleinen Schritten überbrückt. Das Einsteigen in die Bindung passiert von schräg oben. So kann der Fuß gleich ganz in die Schlaufe schlüpfen, ohne vorher die Kante zu belasten oder im Wasser hängen zu bleiben. In der Regel wirkt das wie eine kurze Vollbremsung. Das Brett wird langsamer, das Körpergewicht und der Fuß müssen wieder nach vorne, und das Spiel beginnt von neuem.

Folgende Übungen entwickeln das richtige Feeling für den finalen Schritt am schnellsten:
– Bringe ausreichend Druck auf den Mastfuß.
– Stelle den hinteren Fuß ganz eng an den vorderen.
– Hebe den hinteren Fuß an und gleite einen Moment auf einem Bein.
– Stelle den hinteren Fuß Schritt für Schritt Richtung hintere Schlaufe.

Steh' erst einmal auf der hinteren Schlaufe, taste dich dann rein, ohne dabei im Wasser hängen zu bleiben oder das Heck tiefer ins Wasser zu drücken.

ANALYSE

FEHLER	KORREKTUR	ERKLÄRUNG
Luvkante im Wasser	Lege das Brett plan aufs Wasser. Stelle beide Füße nah an die Längsachse.	Wenn die Luvkante ins Wasser gedrückt ist, kann das Brett nicht frei gleiten. Das Halbgleiten verhindert oft den Schritt in die Schlaufen.
Langsames Brett	Beschleunige das Brett zuerst bis zur Gleitfahrt, bevor du nach hinten in die Schlaufen steigst.	Die Schlaufen befinden sich erst in Gleitfahrt über dem (wandernden) Schwerpunkt. Beim Angleiten reicht der Auftrieb am Heck zum Stehen und zum Beschleunigen nicht aus.
Sitzende Körperhaltung	Stelle dich aufrecht hin. Möglicherweise hilft es, den Gabelbaum etwas höher zu montieren und/oder die Trapeztampen etwas kürzer einzustellen.	Gleiten erfordert eine möglichst aufrechte Körperposition, um das Potenzial des Materials voll auszuschöpfen. In der so genannten »Kackstellung« wird nicht die volle Gleitgeschwindigkeit erreicht.
Vorderer Fuß in der Schlaufe	Beschleunige durch dosiertes Dichter-Ziehen weiter. Setze erst nach weiterer Beschleunigung den hinteren Fuß weiter zum Heck und in die Schlaufe.	Die Geschwindigkeit reicht aus, um den vorderen Fuß in die Schlaufe zu stellen. Für eine feste Bindung mit der hinteren Schlaufe fehlt die Geschwindigkeit.
Heckbelastung beim Einsteigen in die vordere Schlaufe	Stelle den vorderen Fuß erst dann in die Schlaufe, wenn du wirklich im Gleiten bist.	Sinkt das Heck beim Wechsel in die vordere Schlaufe ab, reicht der dynamische Auftrieb für weiteres Zurückgehen noch nicht aus.
Bremsen durch unruhige Brettlage	Halte beim Einsteigen in die Schlaufen das Brett ruhig auf dem Wasser. Jedes Wackeln beim Anheben eines Fußes bremst.	Durch eine unruhige Lage beim Einsteigen in die Bindung nimmt die Geschwindigkeit ab. Möglicherweise wird das Board für die Schlaufenposition wieder zu langsam.
Wechsel in die hintere Schlaufe	Setze erst den hinteren Fuß langsam zurück. Erst wenn du den Fuß ohne Gleitverlust auf die hintere Schlaufe setzen konntest, versuche hineinzuschlüpfen.	Es ist meist ein großer Schritt bis zur hinteren Schlaufe. Beim Anheben des hinteren Beines ist es schwierig, die Balance zu halten, ohne das Gewicht deutlich vom vorderen Fuß nach hinten zu verlagern.
Schlaufen zu weit hinten und außen montiert	Überprüfe, wo die Schlaufen montiert sind. Bei Fußschlaufen-Einsteigern sollten die Schlaufen relativ weit vorne und in der Mitte montiert sein.	Je weiter die Schlaufen hinten bzw. außen montiert sind, um so mehr Erfahrung und Feingefühl wird nötig. Diese Position eignet sich für höchste Geschwindigkeit.

GLEITEN AUF ALLEN KURSEN

Die Zauberformel fürs Gleiten ist auf allen Kursen anders: Am Wind verlängert man die Gleitfläche, auf Halbwind muss das Brett ruhig aufs Wasser gelegt werden. Raumer Kurs verlangt viel Druck auf das Heck.

Schräg von hinten kommt der Turbo: Raumschotkurs weht der Wind fast in Fahrtrichtung, strömt das Segel perfekt an und verursacht kaum Abdrift. Diese Wohltaten helfen vor allem beim Angleiten. Wenn auf anderen Kursen das Heck gurgelt, flutscht das Board auf raumem Kurs weg, als würde es auf einer Bananenschale ausrutschen. Auf Raumschotkurs werden aber auch die Speedrekorde gebrochen. Der Höllenritt verlangt aber viel Druck aufs Heck und vernichtet viel Höhe.

Nach Hause geht's nur per Anhalter oder mit mühsamem Kreuzen (Höhelaufen). Diesen Kurs nennt man den Amwindkurs. Wer dabei im Gleiten bleiben möchte, muss die Windböen aufmerksam beobachten und rechtzeitig anluven beziehungsweise in einer Böenpause abfallen.

Der Halbwindkurs lässt relativ hohe Geschwindigkeiten zu, ist beim Angleiten aber nur Mittelklasse, besser als der Kreuzkurs am Wind, aber schlechter als der raume Kurs.

Im ersten Bild zeigt uns unser Vorfahrer Olli die Gleitstellung auf der **Kreuz**. Beim Amwindkurs lehnt Olli sich auf den Mastarm, um über den Mastfuß sein Brett weit vorne zu belasten. Der vordere Arm ist dabei gestreckt, und das Rigg steht möglichst senkrecht. Sein hinterer Fuß zeigt mit der Ferse leicht nach vorne. Hüfte und Schulter hat Olli weit in Fahrtrichtung aufgedreht. Auf Halbwindkurs, im zweiten Bild, steht Olli aufrechter. Hier sind beide Füße annähernd gleich belastet. Das Segel ist unbedingt dicht geholt, um das Board ruhig auf dem Wasser zu halten. Dazu ist das Rigg weit vom Körper und aufrecht sowie mit dem Unterliek auf das Brett gezogen (close the gap). Der Körper ist voll angespannt. So wird die ganze Segelkraft auf das Brett übertragen und für höchste Geschwindigkeit gesorgt.

3

Im Bild drei ist deutlich zu sehen, wie Olli sein Gewicht nach hinten verlagert. Das hintere Bein steht senkrecht über dem Brett und drückt die Finne nach unten ins Wasser. Der vordere Fuß hält das Brett möglichst waagerecht auf dem Wasser. Die Power aus dem maximal dicht gezogenen Segel wird über den gespannten Körper in Geschwindigkeit übertragen.

VOM FAHREN ZUM GLEITEN

STAUCHPUNKTE

Wie schnell du ins Gleiten kommst und wie schnell du wirst, hängt vom Standpunkt und von der Brettbelastung ab.

Für das Gleiten gilt das Gleiche wie für das sichere Stehen auf einem großen Brett. Wer ungeminderten Gleitspaß genießen möchte, muss seine Standposition dem wandernden Auftriebsmittelpunkt anpassen. Die Füße an die richtige Stelle auf dem Brett zu setzen ist schwierig, weil das Auftriebszentrum unsichtbar ist. Um es zu finden, bist du auf dein Gefühl angewiesen. Hier bieten wir einige Übungen an, die dir helfen, ein gutes Gespür für die richtige Position zu entwickeln. Versuche doch einmal zum Angleiten mit schulterbreitem Stand:
– Wechselweise das Gewicht nach vorne auf den Mastfuß/auf beide Beine/auf das hintere Bein zu verlagern. Wie verändert sich die Geschwindigkeit?
– Bei unterschiedlich breiter Ausgangsposition wechselweise ein Bein anzuheben bei annähernd gleich bleibender Brettbelastung. Wann kannst du die Balance am leichtesten halten?

– Bei gegebener Geschwindigkeit langsam und in kleinen Schritten nach vorne/hinten zu wandern.

SEGELSTELLUNG UND BRETTLAGE

Aufrechte, ruhige Riggstellung, Körperspannung und flache Brettlage sorgen für Speed.

Das Rigg ruhig in den Wind zu stellen und das Brett flach auf dem Wasser zu halten gelingt nur mit voller Körperspannung. Mit voller Spannung kannst du das Rigg aufrecht stellen und voll dicht holen. Der Körper überträgt die Riggkräfte ohne Verluste auf das Brett. Bei vollem Speed steht das Rigg weit von der Schulter entfernt und fast aufrecht. Das Unterliek, also die untere Kante des Segels, liegt nahezu auf dem Brett. Die Füße halten die Planke flach und stabil auf dem Wasser. Versuche mal, bei den folgenden Übungen die Unterschiede zu spüren:

– Stelle dich steif wie ein Stock/wabbelig und weich auf das Brett.
– Ziehe das Rigg nahe zum Körper nach Luv/stelle es aufrecht hin und lasse den Mastarm weit nach Lee gehen, bis der Zug deutlich spürbar wird.

FEHLER	KORREKTUR	ERKLÄRUNG
Brett gleitet nicht, weil der Surfer zu weit hinten steht	Unterstütze das Angleiten, indem du den hinteren Fuß in kleinen Schritten erst zur hinteren, dann auf und in die Fußschlaufe setzt.	Fällt der Schritt nach hinten größer aus, als die Geschwindigkeit es zulässt, sinkt das Heck, und das Brett wird gebremst.
Brett gleitet nicht, weil das Brett unruhig liegt	Mit Spannung im Körper kannst du das Rigg aufrecht und ruhig halten. Mit höchstens schulterbreitem Stand im Auftriebszentrum verhält sich das Brett ruhiger.	Fehlende Spannung im Körper verursacht eine unruhige Segelposition, das vermindert den Vortrieb, zudem liegt das Brett unruhig im Wasser und erhöht den Widerstand.
Brett gleitet nicht an, weil die Luvkante ins Wasser gedrückt wird	Du kannst das Brett flach aufs Wasser legen, indem du mit dem vorderen Fuß die Luvkante anhebst und den hinteren Fuß streckst.	Alles, was tiefer als nötig ins Wasser gedrückt wird, erzeugt zusätzlichen Widerstand und zögert das Angleiten hinaus.
Schlechtes Angleiten, weil das Rigg nach Luv steht	Sobald du Segel aufrichtest, schaltest du den Turbo ein. Das Gefühl, nach vorne übers Brett gezogen zu werden, zeigt es deutlich.	Ein zur Luvseite geneigtes Segel erzeugt mehr Auftrieb und weniger Vortrieb. Die Geschwindigkeit ist geringer als mit aufrechtem Rigg.
Brett kommt im Windloch aus dem Gleiten	Sobald der Wind nachlässt, abfallen. Du erkennst Böenpausen rechtzeitig, wenn du die Wasserfläche in Luv aufmerksam beobachtest.	Lässt der (atmosphärische) Wind nach, kommt der (relative) Wind deutlich weiter von vorne. So wird aus einem raumen Kurs schnell ein Halbwindkurs.
Auf der Bremse stehen aus Angst vor Kontrollverlust	Kontrolle bei höheren Geschwindigkeiten baust du auf, wenn du das Bremsen übst. Beschleunige soweit wie du dich traust und bremse dann ganz gezielt ab. Mit der Gewissheit, bremsen zu können, lässt sich die Geschwindigkeit zunehmend besser kontrollieren.	Auf dem Wasser wird Geschwindigkeit schneller empfunden als an Land. So ist die Wahrnehmung überfordert, das Gefühl der fehlenden Kontrolle stellt sich ein.
Plötzliches Wegschmieren des Hecks (Spin out)	Zwei Maßnahmen stoppen das plötzliche Ausbrechen des Hecks (Spin out): Bremse, bis die Finne wieder führt, oder ziehe das Heck unter das Gesäß.	Seitlicher Druck aufs Brett und Fahren in kabbeligem Wasser können einen Strömungsabriss an der Finne verursachen. Dann führt die Finne nicht mehr, das Heck hat keinen Halt mehr und bricht nach Lee aus.

UND PLÖTZLICH WIRD ALLES GANZ LEICHT

Das Trapez verändert das Windsurfen. Die Haltearbeit übernimmt das Körpergewicht, die Arme konzentrieren sich auf Steuerkorrekturen. Bis das Trapez aber wirklich zum Freund und Helfer wird, muss man sich langsam an den Hüfthalter gewöhnen.

Sitz-trapez

PRO
Durch tiefen Sitz können große Riggkräfte ohne Beanspruchung der Wirbelsäule gehalten werden.

CONTRA
Tiefer Sitz erschwert das Ein- und Aushängen. Eher geeignet für fortgeschrittene Surfer.

Hüft-trapez

PRO
Durch höher sitzenden Haken fällt das Ein- und Aushaken leichter. Geeignet auch für Einsteiger.

CONTRA
Fordert die Rückenmuskulatur mehr. Starker Wind kostet mehr Kraft als mit Hüfthaken.

Mit dem Trapez ist aus dem Brutalo-Männersport »Windhalten« der elegante Smartsport »Windspiele« geworden. Nichts außer dem Funboard hat das Windsurfen so stark verändert.

Die Kraft aus dem Rigg, die über den Surfer ins Brett geht, wird nicht mehr über die Arme geleitet, sondern

»fließt« über das Kräfte-dreieck Trapez-Tampen, Tra-pez-Haken in Kreuz und Po. Mit Trapez brennen keine Unterarme mehr, sondern – viel später – vielleicht die Oberschenkel von den Raumschot-Ritten. Natürlich hat auch diese Natur-»Heilkunde« für die Arme kleine Tücken. Das Trapez verlangt etwas mehr Konzentration. Sonst zieht einen die Segelzug-kraft nach Lee oder im Schleudersturz neben das Brett. Deshalb musst du zuerst einmal die Trapeztampen richtig anbringen. Die Be-festigungspunkte liegen ungefähr eine Handbreit neben dem Segelzugpunkt. Etwa auf Unterarmlänge eingestellte Gurte gelten als Grundeinstellung. Je nach Trapezart (Brust- oder Hüfttrapez) kann die Lei-nenlänge etwas variieren. Mit dem Haken an der Brust dürfen die Tampen für bequemes Ein- und Aushaken etwas kürzer, mit dem Trapez an der Hüfte eher ein wenig länger ein-gestellt sein.

DER HAKEN AN DER SACHE

Zuerst wird der Ernstfall an Land geprobt. Sind die Trapeztampen richtig montiert? Haben sie die richtige Länge? Diesem Trimmcheck folgen erste Versuche an Land. Hänge dich so lange am stehenden Rigg ein und aus, bis du den Tampen blind findest.

Ellentest für die Tampenlänge. Passt der Unterarm von der Handwurzel bis zum Ellenbogen genau in den Tampen, ist die Voreinstellung gut. Ist der Tampen länger, nimmt die Kraftersparnis immer mehr ab.

Der Segelzugpunkt wird mit den Händen erfühlt. Bleibt das Segel ausbalanciert stehen, greifen die Hände im Zentrum.

Das Verbandeln mit dem Gabelbaum ist gewöhnungsbedürftig. Bei dem Gedanken an Stürze kommt bei fast allen Trapez-Neulingen ein unbehagliches Gefühl auf. Was passiert, wenn ich unter dem Segel liege? Was geschieht bei einem Schleudersturz? Berechtigte Fra

Stürzen kann man lernen. Wie den Judokämpfern hilft jedem Surfer das Training von Stürzen. Aus voller Fahrt den Gabelbaum festhalten und vorne über den Bug zu springen, bringt zudem richtig Spaß. Beim Sturz nach Lee bleiben die Arme lang und die Landung wird weich.

gen, aber unbegründete Sorgen.

Das Trapez soll kein Katapult in mörderische Windstärken sein, sondern dir das Surfen bei den Windstärken erleichtern, die du spielend meisterst. Deshalb solltest du erst mal bei den gewohnten Windstärken an den Haken gehen.

Stürze sind ungefährlich, wenn du dabei den Gabelbaum festhältst. Bei Stürzen vorne über das Rigg packst du die Gabel fest und versuchst, dich auf den Rücken zu drehen. Mit dieser eingesprungenen Rolle landest du immer im Wasser, ohne dass dir der Mast oder Gabelbaum in die Quere kommt. Beim Sturz nach Lee folgst du dem Segelzug und springst ins Rigg. Stütze dich dabei mit gestreckten Armen auf dem Gabelbaum ab. Schlimmstenfalls machst du einen Purzelbaum ins weiche Segel.

Die Angst, beim Sturz nach Luv hilflos unters Segel zu geraten, ist schnell zerstreut. Der Kopf lässt sich, auch wenn du im Trapez eingehängt bist, immer neben dem Mast nach oben aus dem Wasser strecken. Das reicht zum Luftholen. Im knietiefen Wasser kannst du diese Situation gefahrlos nachstellen und den Notausgang abchecken.

VORGESCHMACK AUF DEN VOLLEN GENUSS

Wenn die ersten Schaumkronen auftauchen, ist das Trapez die Brücke zum entspannten Surfgenuss. Einen Vorgeschmack gibt's schon an Land.

Bandle zuerst einmal an Land mit der neuen Zug-

Zum Einhaken das Rigg zum Körper ziehen, in die Knie gehen und das Becken zum Rigg kippen.

Mit dem Haken in die Tampenschlinge einfädeln.

Arme strecken, die Beine strecken, mit dem Körper aufrichten. Die Armarbeit übernimmt jetzt der Haken. Aushängen geht einfacher: Das Rigg zum Körper ziehen und der Tampen fällt aus dem Haken.

Routine und Vertrautheit zur neuen Bindung auf. Nimm ruhig einmal eine Hand, später auch beide Hände vom Gabelbaum. Bei richtig eingestellten Leinen sollte das Rigg eine Weile ausgewogen stehen bleiben. Bei ausreichendem Wind hänge dich mit dem ganzen Gewicht gegen den Segelzug. Das Trapez muss dabei den vollen Zug übernehmen. Diese Übungen, verbunden mit mehrfachem Ein- und Aushängen, bereiten die ersten Schritte auf dem Wasser vor. Auf dem Board wird dir alles wohl bekannt vorkommen – die Angst fährt nicht mehr mit.

hilfe an. Anfangs schaust du noch genau hin, wie sich der Haken den Tampen schnappt. Nach einigen Wiederholungen muss das Tampenangeln aber völlig blind funktionieren. Denn später auf dem Wasser ist es wichtig, die Umgebung im Blick zu haben. Nach einigen Übungen baut sich eine gewisse

FEHLER	KORREKTUR	ERKLÄRUNG
Luvsturz beim Einhängen ins Trapez	Ziehe das Rigg nur ein wenig zum Körper. Das Einhängen läuft zügig ab. Schwungvolles Anziehen dagegen bringt den Tampen ins Schwingen. Schwungvolles Wegdrücken beschleunigt den Einhängevorgang. Stelle dich beim Einhängen über das Brett.	Beim Einhaken darf das Rigg nicht zu weit und lange nach Luv gezogen werden. Muss das Segel zusätzlich noch das Gewicht des Surfers halten, kann die Strömung abreißen, was den Luvsturz verursacht. Wird das Segel beim Einhaken aus der optimalen Anströmung weiter dicht genommen, reißt die Strömung ab, der Luvsturz ist unvermeidlich.
Luvsturz während der Fahrt	Fiere das Segel auf und hole es dosiert wieder dicht. Kontrolliere ständig die Segelstellung zum Wind. Dieses Feintuning erledigst du mit den Armen und mit kleinen Korrekturbewegungen.	Das Fahren im Trapez verleitet anfangs dazu, das Rigg zu überziehen. Am überzogenen Rigg wird die laminare zur turbulenten Strömung, sie reißt ab, verliert ihre Kraft und kann das Gewicht des Surfers nicht mehr halten.
Leesturz während der Fahrt	Setze gegen den Segelzug dein Körpergewicht ein. Hänge dich fein dosiert, als würdest du ohne Trapez surfen, in die Trapezleinen. Bevor du zum Beispiel vor einem Manöver wieder übers Brett kommen willst, fiere das Segel etwas auf, wenn die Tampen schlaff werden und aus dem Haken fallen.	Das Rigg kann den Surfer nur dann nach Lee ziehen, wenn der Segelzug größer als das Gegengewicht wird. Nur sofortiges Auffieren kann den Leesturz verhindern.
Schleudersturz	Wenn du fühlst, wie der Schleudersturz kommt, ist es meist zu spät, ihn zu verhindern. Genieße den Flug, halte den Gabelbaum mit beiden Händen fest und springe aktiv über den Bug. Drehe dich dabei auf den Rücken. So wirst du neben oder unter dem Rigg im Wasser landen.	Der Schleudersturz zeigt, dass das Rigg maximalen Vortrieb geliefert hat. Diese Grenzsituation zwischen maximalem Vortrieb und Sturz verlangt eine sehr sensible Riggführung. Kleinstes Nachgeben in der Körperspannung kann den Schleudersturz auslösen und für eine Vollbremsung sorgen.

STEUERN

BRETTSTEUERUNG MIT DEM RUDER OHNE RAD

Mit Schiebung kommt man zwischen allen Klippen durch. Der Surfer schiebt zum Steuern einfach sein Rigg hin und her.

Schiffe haben zum Steuern große Ruderräder, und große Boards werden gleich mit dem ganzen Rigg gesteuert. Vorausgesetzt, das Brett ist nicht im Gleiten, sondern im Verdrängen oder Wasserschieben. Geradeaus steht das Rigg neutral über dem Brett. Willst du aber die Brettnase in den Wind steuern (»Anluven«), wird das Rigg nach Lee geschoben. Soll die Nase vom Wind weg fahren (»Abfallen«), schiebst du das Rigg nach Luv.

Man spricht vom Steuern in der Richtung der Segelsehne. Diese (gedachte) Sehne läuft längs durch den Gabelbaum. An Land fällt die Steuerbewegung leicht, weil du auf festem Boden stehst. Auf dem Wasser wird's ein bisschen komplizierter, weil das Board ja den Winkel zum Wind verändert: Beim Anluven wird der Winkel zum Wind spitzer, beim Abfallen stumpfer. Und dabei musst du immer das Segel optimal anstellen.

In der Geradeausfahrt steht das Rigg im Gleichgewicht. Die Fahrstellung ist bequem. Beide Füße sind gleichmäßig belastet, die Hände greifen den Gabelbaum schulterbreit und halten zu gleichen Teilen den Segelzug.

Das Segel ist in der Segelsehne nach Lee gekippt und das Schothorn knapp über dem Wasser. Beide Arme sind lang, das Körpergewicht lastet auf dem hinteren Bein, die Segelhand sorgt für die optimale Segelstellung zum Wind.

Das Rigg ist nach Luv verschoben. Der Zug auf den vorderen, den Mastarm, nimmt deutlich zu. Mit dem vorderen Bein wird der Bug aus dem Wind gedrückt. Dabei bleibt das Körpergewicht über dem hinteren Fuß. Die hintere, die Segelhand, greift den Gabelbaum weiter hinten und kontrolliert den Segelzug.

RIGG AUFRECHT

Aufrechtes Rigg und aufrechte Körperposition

MASTARM LANG NACH LUV

Abfallen wird zum Kräftemessen mit den auftretenden Steuerkräften

MASTARM LANG NACH LEE

Anluven verlangt wenig Segelzug und viel Rigggefühl

Wie schnell du das Steuern lernst, hängt vom Starten ab. Nur wenn du beim Anfahren in eine bequeme Fahrposition kommst, kannst du das Rigg problemlos in der Segelsehne verschieben. Du bist bewegungsbereit, wenn
• beide Füße leicht nach vorne gedreht auf der Längsachse stehen,

• die schulterbreit am Gabelbaum greifenden Hände gleichen Zug spüren,
• das Segel optimal angeströmt ist und
• der Körper in einer entspannten und aufrechten Haltung steht.

Sobald das Rigg in der Segelsehne eine Armlänge seitlich nach Luv verschoben wird, verstärkt sich

der Zug auf den Mastarm. Dieser Zug signalisiert, dass das Brett abzufallen beginnt. Gegen die Segelkraft wird der Körper zurückgelehnt. Das vordere Bein schiebt dann den Bug nach Lee. Hat der Bug erst einmal begonnen, aus dem Wind zu drehen, lässt auch der Segelzug deutlich nach, und die kritische Einleitungsphase ist überstanden.

Anders als beim Abfallen beginnt das Board anzuluven, wenn wenig Kraft im Segel zu fühlen ist. Mit langen Armen wird das Rigg nach Lee geschoben. Dabei kommt es darauf an, das Segel optimal angeströmt im Wind zu halten. Hierzu kontrolliert die Segelhand fortwährend den Anstellwinkel zum Wind. Das Körpergewicht lastet vorwiegend auf dem hin-

teren Bein. Erstaunlicherweise unterstützt das Fieren das Anluven eher als Dichtholen.

FEHLER	KORREKTUR	ERKLÄRUNG
Steuern mit überzogenem Segel	Gib mit der Segelhand dem Segelzug soweit nach, bis das Segel gerade noch angeströmt wird.	Wird das Segel überzogen, erzeugt es viel seitlich wirkende Kräfte, das Brett treibt quer, fährt kaum vorwärts und reagiert nicht.
Schothorn nicht tief genug geneigt	Strecke beide Arme und senke das Schothorn tief zum Wasser hin ab.	Ein wenig nach Lee hängendes Segel erzeugt nur eine kleine Hebelwirkung. Je tiefer das Rigg zum Wasser geschoben wird, desto größer der Hebel, umso deutlicher reagiert das Brett.
Zu spät gegengesteuert	Das Anluven geht relativ schnell. Bleibe nicht zu lange in der Position, sonst steht der Bug deines Brettes zu weit im Wind, du fällst ins Wasser.	Beim Anluven verhält sich das Brett genau wie bei der 180-Grad-Drehung. Zuerst dreht der Bug langsam nach Luv, um dann zunehmend schneller in den Wind zu drehen.
Rigg nach vorne geschoben mit Sturz nach Lee	Schiebe den Gabelbaum soweit es geht auf der Segelsehne nach Luv. Das Board beginnt erst dann abzufallen, wenn du deutlichen Zug auf dem Mastarm spürst und diesen einen Moment aushältst.	Wird das Rigg nach vorne zum Bug gekippt, zieht es nach vorne (Lee) unten und entwickelt solche Kraft, dass es kaum möglich ist, einen Sturz zu vermeiden. Einzig rechtzeitiges Loslassen der Segelhand birgt die Möglichkeit, nicht zu stürzen.
Masthand zu nah am Gabelkopfstück	Du hast die Arme schon gestreckt, und das Brett reagiert trotzdem nicht. Greife mit der Masthand deutlich zurück. Sofort wandert das Rigg weiter nach Luv, und das Brett beginnt abzufallen.	Das Rigg steht bei seitlich gestrektem Arm umso weiter in Luv, je weiter die Masthand vom Gabelbaumkopfstück entfernt greift. Je nach Notwendigkeit kann der Mast so fast bis aufs Wasser abgesenkt werden.
Gebeugter Mastarm, das Brett fährt geradeaus	Rechne beim Abfallen mit stärker werdendem Segelzug und lehne dich entsprechend dagegen. Bleibe aufrecht stehen und kontrolliere den Zug nur mit der Segelhand. Beuge den Mastarm nur, um einen Sturz zu verhindern.	Wird der Mastarm gebeugt, lässt der Segelzug nach, das Segel wird gefiert. Ohne Zug im Segel fällt das Brett nicht weiter ab.

ANLUVEN

ABFALLEN

MANÖVER

UMDREHEN AUF DEM TELLER

Umdrehen kannst du auch mit dem Surfboard schnell und trocken. Dabei lernst du gleich noch ein paar Ballettschritte.

Auf dem Absatz kehrtmachen, geht leider nur – mit Absatz. Aber auch beim Surfen kannst du schnell umdrehen, bei etwas Geschick sogar auf dem Teller. Die 180-Grad-Drehung ist die einfachste Form, die Fahrtrichtung zu wechseln. Dabei dreht das Brett unter dem Surfer und Rigg. Im stehtiefen Revier kannst

Rigg funktioniert dabei wie die Lenkung: Aus der T-Stellung wird das Segel gefühlvoll seitlich an den Wind angelehnt, ähnlich wie bei den Riggübungen. Wenn du das Rigg zum Heck kippst, dreht der Bug zum Wind und mit der Spitze durch den Wind. Eine gelungene Drehung vorausgesetzt, treibt das

In dieser Bildmontage wird deutlich, wie das Brett unter dem Rigg und dem Surfer um 180 Grad dreht.

Bei der Drehung über das Heck mit der hinteren Hand das Segel etwas dicht ziehen.

Das Dichtnehmen erhöht die Standsicherheit, besonders wenn das Rigg über dem Brett steht.

Ist das Heck erst einmal unter dem Rigg durch, dreht es schneller weiter.

du den Vollkreisel üben, bis dem Brett schwindlig wird – bei Problemen schiebst du die Planke heim. Im schwimmtiefen Teich musst du schnell lernen, wie du wieder zurückkommst. Das gehört direkt nach dem Segelaufholen ins Trainingsprogramm. Beim Kreiseln wird das Segel als Motor genutzt. Das

Brett dabei weniger ab, als wenn du das Rigg über den Bug bugsieren würdest. Du erhöhst die Wirkung der Segelsteuerung, wenn das Schothorn nah am Wasser steht. Ein stärkeres Anlehnen des Segels an den Wind beschleunigt übrigens die Drehung nicht. Das Board dreht eher langsamer und

Die Drehung über den Bug geht etwas schneller und leichter, da das Schwert im Drehpunkt liegt.

der T-Stellung die Drehung stoppen. Die
asthand wechseln, das Rigg kurz in die
ndere Richtung gegen den Wind lehnen.

fährt dabei einen etwas
größeren Bogen.
Leichter Wind erfordert besonders gefühlvolles Hand-
ling, da die Segelkraft
kaum ausreicht, die lange
Planke gegen den Was-
serwiderstand zu drehen.
Wird der Mast zu stark seitlich gekippt, dreht der Surfer sich mit dem Rigg über

dem Brett. Die Füße müs-
sen rechtzeitig in kleinen
Schritten umgesetzt wer-
den. Sie sollten ständig
parallel zum Segel stehen
und mit den Fußspitzen
zum Schothorn zeigen.
Vorsicht, wenn das Heck
unter dem Segel hindurch-
wandert. Dann wird's richtig kipplig.

as Brett treibt nach Lee. Der Stand
t weniger kipplig als bei der
rehung in die andere Richtung.

In der T-Stellung die Brettdrehung
abstoppen und die Grundstellung
einnehmen.

Handwechsel und Kontrollblick in
die neue Fahrtrichtung. Fußwechsel
und neu starten.

MANÖVER

RIGG AUFRECHT

▮ 1. Arme lang und Schothorn tief

Es hängt vor allem von der Segelstellung ab, wie gut das Brett dreht. Das Schothorn muss ganz nah über dem Wasser hängen, dann erzielt es Drehwirkung. Dazu soll das Rigg am ausgestreckten Arm hängen. So ist es auch einfacher, das Gleichgewicht zu halten. Bei kleineren Segeln

hängt das Schothorn selbst mit ausgestreckten Armen noch relativ hoch über dem Wasser. Der Griff an die Aufholleine legt das Segel tiefer. Auf jeden Fall sollte der Körper aufrecht gehalten werden, denn nur der gerade Stand garantiert eine sichere Ausgangslage.

▮ 2. Füße eng am Mastfuß

Mit den Füßen nah am Mastfuß zu stehen garantiert die größte Stabilität. Nah zusammen und in der Brettmitte zu stehen ist

nicht nur in der 90-Grad-Stellung stabil. Weil im Verlauf der Drehung das Segel relativ lange Zeit in Brettrichtung steht, lässt sich mit enger Fußstellung das Gleichgewicht auch hier am besten halten.

▮ 3. Füße zeigen nach Lee beziehungsweise zum Schothorn

Bei der Richtungsänderung dreht immer das Brett unter dem Segel und damit unter dem Surfer. Um immer frontal zum Rigg zu stehen, muss er seine Füße in kleinen Schritten anheben. Zur Orientierung sollen dabei die Fußspit-

zen immer zum Gabelbaumende und parallel zum Segel zeigen.

▮ 4. Segel leicht mit Wind gefüllt

Bei der 180-Grad-Drehung funktioniert das Rigg wie beim Steuern während der Fahrt. Das Segel wird vom Wind sauber angeströmt und entwickelt Vortrieb. Es ist in der Segelszene verschoben, das Gabelbaumende zeigt zum Wasser, so wird das Heck nach Lee gedrückt. Nur wenn das Rigg leicht an den Wind angelehnt ist, wird das Brett relativ zügig drehen. Wer das Rigg zu stark an den Wind anlehnt oder dicht zieht, erzeugt zu viel Quertrieb

und verhindert ein zügiges Drehen. (Quertrieb hat nur wenig Steuerwirkung, weil das Brett kaum fährt.) Schließlich erwartet auch kein Autofahrer von seinem Wagen eine Reaktion, wenn er im Stehen am Lenkrad dreht.

FEHLER	KORREKTUR	ERKLÄRUNG
Brett bleibt im Wind stehen	Kippe den Mast weiter zur Seite. Das Segel muss die ganze Zeit gerade eben mit Wind gefüllt sein und dabei mit dem Schothorn über dem Wasser hängen.	Nur wenn das Rigg angeströmt wird und damit Vortrieb erzeugen kann, fährt das Brett. Fahrt hilft, eine 180-Grad-Drehung erfolgreich zu beenden. Selbst wenn das Board sich kaum vorwärts bewegt oder gar zum Stillstand gekommen ist, muss das Segel optimal angeströmt sein, um die Planke weiter drehen zu lassen.
Breite Fußstellung und Sturz	Stelle die Füße parallel und eng zusammen auf das Brett. Platziere sie nahe am Mastfuß. Lasse das Brett unter den Füßen drehen. Dabei zeigen die Füße ständig zum Gabelbaumende.	An Land bietet eine breite Fußposition mehr Standsicherheit. Das funktioniert nicht unbedingt auch auf einem Surfbrett. Bei jedem Belastungswechsel der Füße kippelt ein Brett. Dieser Effekt verstärkt sich, je weiter die Füße auseinander stehen. Kritisch wird es, sobald die Füße nicht mehr auf, sondern neben der Längsachse stehen.
Brett fährt geradeaus	Lehne das Segel nur leicht an den Wind. Bring das Gabelbaumende nah ans Wasser und halte den Mast am langen Arm. Wenn das nicht reicht, fasse die Aufholleine und senke das Schothorn tiefer ab.	Eine Kurve fährt das Brett nur, wenn das Rigg wie beim Steuern aus der Fahrt deutlich mit dem Gabelbaumende zum Wasser geneigt wird. Nur so entsteht ein Hebel zwischen dem Segelzugpunkt und dem Lateraldruckpunkt vom Brett. Je tiefer das Schothorn über dem Wasser steht, um so größer wird der wirksame Hebel und entsprechend deutlicher die Brettreaktion.
Brett dreht weiter als 180 Grad	Sobald das Brett wieder auf Halbwindposition angelangt ist, stopp' die Drehbewegung. Lehne das Rigg für einen kurzen Moment zur entgegengesetzten Seite gegen den Wind und lasse das Segel wieder flattern.	Solange das Rigg unverändert in der Stellung gehalten wird, bei der das Board dreht, fährt es weiter im Kreis. Die Planke reagiert nur auf die Segelstellung wie ein Auto auf den Einschlag der Lenkung. Erst wenn das Segel in eine neutrale Stellung zurückgenommen wird, endet die Drehung.

DIE WENDE IN DER SURFER-KARRIERE

Das ist die Wende in der Surfer-Karriere: Aus einem wackligen 180er wird eine dynamische Wende, die Eleganz mit Effizienz verbindet.

Ganz schön wacklig ist der Seitenwechsel auf Brettern mit wenig Volume

Auch wenn die Wende politisch einen fragwürdigen Klang hat – beim Surfen ist sie die Wende zum neuen Karriere-Abschnitt. Aus wackligen Richtungsänderungen wird plötzlich ein Manöver, das dir nicht nur die Bewunderung deiner Surffreunde verschafft, sondern auch die Gewissheit gibt: Du verlierst beim Wenden wenig Höhe und kommst wieder dorthin zurück, wo dein(e) Süße(r) auf dich wartet.
Inzwischen gibt es viele Wendearten, aber mit gemeinsamen Elementen:

– Wie beim Abbiegen zuerst mal den Verkehr checken: Also nach Luv gucken, ob jemand bei der Wende stört. Schau' am besten hinter dich, denn da fährst du nachher hin.
– Immer luvst du mit optimal angeströmtem Segel bis in den Wind an.
– Der Wechsel auf die andere Segelseite geschieht schnellstmöglich. Je schneller du die Seite wechselst, umso leichter hältst du die Balance, da die Zeitspanne ohne Segelzug kurz bleibt.

– Beim Seitenwechsel sind weniger die Füße wichtig als vielmehr die impulsartige Riggbeschleunigung.
Die schnelle Wende läuft in zwei Phasen: In Phase eins steuerst du ohne Unterbrechung mit dem Rigg bis in den Wind und weiter auf den neuen Kurs
In Phase zwei passieren wenige, maximal vier schnelle Schritte zum Wechsel der Segelseite mit anschließendem Abfallen und Weiterfahren auf neuem Amwindkurs.
Die Wende besteht also

angehen: Mit den folgenden Übungen trainierst du für die schnelle Wende, ohne das Manöver schon kennen zu müssen. Für das Steuern in den Wind und das Abfallen zurück auf den neuen Kurs nach dem Seitenwechsel übst du das Steuern von Schlangenlinien mit immer größeren Kur-

ven. Fahre dazu auf Halbwindkurs:
• Luve bis auf Amwindkurs an und falle wieder bis auf den Ausgangskurs ab.
• Luve immer weiter an bis in den Wind und später bis durch den Wind auf neuen Amwindkurs. Falle wieder bis auf Ausgangskurs zurück ab.
Mit diesen Übungen zum Steuern bereitest du jede mögliche Situation in der Wende vor.

aus neuen und bekannten Elementen: Anluven und Abfallen mit Riggsteuerung und Anfahren kennst du schon. Neu ist die Technik, mit der du den Bug nicht nur in, sondern auch durch den Wind drehen kannst, und der schnelle Wechsel der Seite mit vier Schritten um den Mast herum.
Aber wie bei allen Manövern musst du die Wende natürlich nicht unvorbereitet

Aufrecht fällt die Körperdrehung leichter. Die Füße werden dabei immer über der Längsachse bewegt.

SCHNELLE WENDE AUF DEM BIG BOARD

Die Wende ist die Grundlage für alle weiteren Seitenwechsel um den Mast herum.

Zum Anluven zuerst den Raum in Luv überprüfen. Dann das Rigg zum Wasser kippen und den hinteren Fuß belasten.

Während das Segel optimal angestellt bleibt, den vorderen Fuß vor den Mastfuß auf die Längsachse stellen.

Windsurf-Manöver sind wie Schritte in der Evolution: Aus groben Entwürfen werden hochspezialisierte Geschöpfe: Aus den ersten 180-Grad-Drehungen entwickelt sich ein schnelles Anluven und Abfallen mit dem Tanz des Surfers vorne um den Mast herum. Mit dieser Wende ändert sich die Fahrtrichtung um 90 bis 180 Grad, wobei der Bug durch den Wind gedreht wird. Sinnvollerweise wendest du von einem Amwindkurs aus bis zum neuen Amwindkurs – dies entspricht einem Richtungswechsel von etwa 90 Grad. Bis du allerdings eine perfekte Wende zelebrieren kannst, wirst du noch ein paar Vollbäder nehmen. Aber sie tun ja nicht weh. Bei der einfachen Form der Wende erlebt der Surfer noch eine lange instabile Phase. Besonders der Seitenwechsel bereitet Schwierigkeiten, vor allem bei langsamer Ausführung. Perfekt ausgeführt gleicht die schnelle Wende mit ihrem Seitenwechsel einem anmutigen Tanz, bei dem der Surfer flink auf die andere Seite des Segels wechselt.

Das Drehen durch den Wind ist einer der zentralen Knackpunkte. Solange das Rigg beim Anluven in der Segelsehne nach Lee verschoben wird, dreht das Board nur so lange, bis es maximal mit der Spitze im Wind steht. Aus dieser Position heraus gestaltet sich der Seitenwechsel sehr schwierig, da das über dem Brett hängende Segel kei-

Auf neuem Kurs angelangt, den vorderen Fuß hinter den Mast stellen. Zurück an den Gabelbaum greifen.

nen Platz zum Stehen lässt. Zeigt die Bugspitze vor dem Wechsel der Seite in die neue Fahrtrichtung, so wird der Schritt um den Mast leichter. Dazu musst du das Rigg so nach Lee kippen, als wolltest du es auf dem Wasser ablegen. Dieses Kippen bringt die Sonderportion Schub.

Beim schnellen Seitenwechsel darf man nicht schlafen. Liegt beim 180er noch alle Konzentration

Zum Weiterfahren auf den neuen Kurs abfallen. Dabei die Brettspitze mit dem vorderen Fuß etwas aus dem Wind drücken.

Während das Brett langsam in den Wind dreht, das Segel weiter optimal angeströmt halten. Das Gewicht auf den vorderen Fuß verlagern.

Auf hohem Amwindkurs das Rigg nach Lee kippen, bis der Gabelbaum und das Rigg weit vor dem Körper wegstehen. So kann das Brett noch ein Stück weiter in den Wind drehen.

auf den kleinen Wechselschritten, so richtet sich beim blitzschnellen Sidestep die Aufmerksamkeit vor allem auf das Rigg. Sobald der Körper vor den Mast gedreht ist, beschleunigt kräftiges Ziehen am Mast den Körper für den weiteren Seitenwechsel. Natürlich müssen dabei die Schritte nah am Mastfuß ausgeführt werden. Der Schrittwechsel geschieht fließend, so dass der Surfer nie wirklich vor dem Mast steht. Vielmehr huscht er schnellstmöglich um den Mast herum.

Das Brett unter dem Segel drehen lassen und endgültig den vorderen Fuß voll belasten. Vorbereiten für den Schritt vor den Mast.

Zum Seitenwechsel den hinteren Fuß eng neben den anderen vor den Mast stellen. Eigentlich ist das kein richtiges Hinstellen, sondern nur ein schneller Fußwechsel.

Den Mast zügig am Körper vorbeiziehen und den Kopf schnell in die neue Fahrtrichtung drehen. Der Seitenwechsel folgt automatisch.

MANÖVER

AT-TACK

Eine Wende (englisch Tack) muss kein Wackelpeter werden. Sie kann auch einen wunderbaren Flow bekommen.

1. ANLUVEN IN DEN WIND

In zwei Abschnitten geht's an den Wind. Zuerst wird das Rigg nur in der Segelsehne verschoben. Damit das Brett bis auf den neuen Amwindkurs dreht, muss man hoch am Wind den Mast so weit wie möglich zum Wasser kippen. Mit diesem Segelmove zum Wasser erhält das

Brett einen zusätzlichen Drehimpuls. Beim Anluven muss das Segel aber durchgehend sauber angeströmt werden. Das Feintuning übernimmt die Segelhand.

2. FUSS VOR DEN MAST UND MASTHAND AN DEN MAST

Der Seitenwechsel wird schon früh auf Amwindkurs vorbereitet. Die vor-

dere Hand greift den Mast unterhalb des Gabelbaums, dazu fierst du das Segel kurz auf. Der vordere Fuß kommt vor den Mast genau auf die Längsachse. Mit zunehmender Drehung in den Wind wird das Körpergewicht auf den vorderen Fuß verlagert werden, die Fußspitzen werden etwas zum Heck hin gedreht.

3. AUFRECHTER KÖRPER, RIGG IN LEE

Der Seitenwechsel selbst geht aufrecht am leichtesten. Wenn der Körper vor

dem Mast steht, hängt das Rigg am ausgestreckten Arm zum Heck. Für den schnellen Schritt um den Mast herum auf die neue Seite wird das Rigg zügig am Körper vorbeigezogen Der Seitenwechsel folgt automatisch.

4. BELASTUNG AUF DER LÄNGSACHSE

Der Seitenwechsel an sich ist eine wacklige Aktion. Deshalb solltest du alles daran setzen, diese instabile Situation zu entschärfen. Wie kipplig eine Wende wird, hängt von der Zeit des eigentlichen Seitenwechsels ebenso ab wie von der Fußstellung. Beim Anluven und dem anschließenden Abfallen stehst du immer auf der Längsachse.

FEHLERANALYSE

FEHLER	KORREKTUR	ERKLÄRUNG
Auf Amwind-kurs luvt Brett nicht weiter an	Bring' das Rigg übers Wasser nach Lee. Strecke den Mastarm dabei voll durch. Du solltest viel Zug auf dem vorderen Arm spüren.	Mit der Riggsteuerung durch Verschieben in der Segelsehne dreht das Board maximal in den Wind. Damit der Bug durch den Wind drehen kann, wird das Rigg gekippt, als wollte man es aufs Wasser legen.
Beim Seitenwechsel kippelt Brett stark	Wechsle mit maximal vier Schritten auf die neue Seite. Stelle dabei die Füße immer auf oder direkt neben die Längsachse des Bretts. Zum Seitenwechsel stehen die Füße so nah immer direkt vor dem Mast, dass sie ihn fast berühren.	Jede Belastung seitlich der Brett-längsachse bringt das Brett in Schieflage. Je näher die Füße am Mast stehen, um so ruhiger bleibt das Brett im Wasser liegen. Vier Schritt reichen für den Seitenwechsel aus. Jeder weitere Schritt mindert die Stabilität.
Beim Seitenwechsel taucht Bug ab	Setze den vorderen Fuß direkt an den Mastfuß. Belaste auch mit dem nachziehenden Fuß das Brett direkt vor dem Mast. Bleibe nicht vor dem Mast stehen. Wechsle zügig um den Mast herum die Seite.	Je näher die Füße beim Seiten-wechsel vor dem Mast und damit im Auftriebszentrum stehen, um so ruhi-ger bleibt das Brett auf dem Wasser liegen. Sobald das Board längere Zeit mit dem ganzen Körpergewicht vor dem Mast belastet wird, beginnt der Bug tiefer einzutauchen.
Bei Seiten-wechsel Sturz nach vorn ins Wasser	Du kannst vor dem Rigg stehend dein Gleichgewicht am besten halten, wenn du das Rigg am ausgestreckten Arm in Lee hängen lässt.	Steht der Mast ganz nah am Körper, dann ist wenig Platz, um den Mast nach Luv zu beschleuni-gen. Wenn der Mast nah am Körper gehalten wird, ist die Position grundsätzlich deutlich instabiler, Stürze sind wahrschein-licher.
Sturz nach Luv ins Wasser	Stelle schon auf Amwindkurs dei-nen vorderen Fuß vor den Mast und wechsle mit der vorderen Hand an den Mast. Wenn du früher wechselst, stört dies den Ablauf der Wende nur wenig. Wechselst du zu spät, landest du im Wasser.	Steht das Board erst einmal mit dem Bug im Wind, muss der vordere Fuß schon voll belastet sein. Fürs Stehen auf dem hinteren Bein ist kein Platz mehr, sonst wäre ein Sturz unver-meidlich.

DER TRAUM ALLER SURFER: DIE DURCHGEGLITTENE HALSE

Die Halse ist *das* Ziel aller Aufsteiger. Nichts ist schöner, nichts ist schwieriger als eine durchgeglittene »Jibe«. Viele Elemente der Halse hast du aber bereits gelernt.

Die Halse verschwendet wertvolle Höhe, das Halsentraining kostet viele Urlaubstage, die Halse ist Ziel und Trauma Tausender von Surfern – die Halse ist der Höhepunkt im Leben eines normalen Surfers. Kein anderes Manöver hat den Surfsport so dominiert wie die Umkehr mit dem Heck durch den Wind. Die Halse hen. Weil aber die Funboards klein und vor dem Mast wenig Volumen haben, hat sich unter den Experten die Halse als Standardmanöver durchgesetzt. Außerdem gibt's nicht viel Schöneres beim Surfen als eine durchgeglittene Halse mit Steilwand-Feeling in der Kurve. Alle »Jibes«, wie Surfer sa-

Die Halse

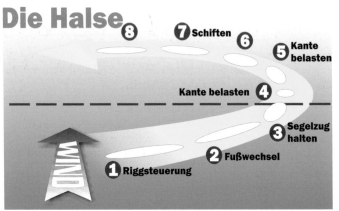

ist Beauty and Beast zugleich.

Dabei hat die Halse gar keine Exklusivrechte: Zum Kurswechsel kannst Du auch wenden, also mit dem Bug durch den Wind ge- gen, beginnen auf Raumwindkurs und enden in der neuen Richtung wieder auf raumem Wind. Je nach Brettgröße und Windstärke funktioniert die Halse in Verdrängerfahrt oder in ei- ner rauschenden Gleitfahrt. Dabei haben beide Formen gewisse Gemeinsamkeiten:

– Je nach Halsenvariante ist der Raumbedarf sehr unterschiedlich. Ob der Raum nach Lee frei für eine Halse ist, solltest du vorher genau checken. Ein Crash in einer Halse könnte deiner Gesundheit an den Kragen gehen.
– Jede Halse wird mit Riggsteuerung eingeleitet.

Verkehrte Welt: Schothorn vorausfahren ist die halbe Miete bei der Verdrängerhalse.

Schnelle Gleithalsen brauchen wenig Einleitung mit dem Segel und viel Brettsteuerung, langsamere, sogenannte Verdrängerhalsen werden vor allem mit dem Rigg gesteuert.

– Willst du in der neuen Fahrtrichtung wieder »normal« auf dem Brett stehen, musst du irgendwann die Füße umstellen. Dabei sollte das Brett, besonders bei durchgeglittenen Halsen, seine Gleitlage im Wasser nicht verändern.

– Anders als bei der Wende wechselt nicht der Surfer die Segelseite, indem er über den Bug geht. Sondern das Segel wird über den Bug geschwenkt (»geschiftet«). Eingeleitet wird die Halse durch das Abfallen mit dem Segel.

Beim Kapitel Steuern hast du schon gelernt, mit Hilfe des Riggs abzufallen und wieder anzuluven. Eine kleine Herausforderung wird das Steuern über den Vorwindkurs hinaus bis zum neuen Raumwindkurs. Als neues Element lernt man, mit dem Schothorn voraus zu surfen und das Segel umklappen zu lassen.

DIE ERSTE HALSE – SCHÖNER ALS DER ERSTE KUSS

Eine dynamische Halse ist keine Frage der Brettgröße. Auch mit großen Boards kann's schwungvoll um die Ecke gehen. Wenn man einen kleinen Trick einsetzt.

Am Ende braucht man sich nur noch zu orientieren und das Board in die gewünschte Richtung auszusteuern.

Während das Rigg umschlägt, wird der Mast am Körper vorbeigezogen und mit der Segelhand die Gabel gegriffen.

Ob sie ganz eng ins Wasser oder in einer weiten Kurve gezirkelt wird – die Bigboard-Halse verlangt Gefühl, Kraft und Koordination. Im Gegensatz zur Wende dreht das Brett bei der Halse von Halbwind- bis Halbwindkurs mit dem Bug nach Lee.

Die Halse lässt sich in drei Abschnitte gliedern:
1. Das Abfallen von Halbwind;
2. das zügige Drehen über Vorwind bis zum neuen Halbwindkurs mit dem Fußwechseln und
3. die anschließende Segelrotation, das Schiften.

Das Abfallen bis vor den Wind wird mit dem Rigg eingeleitet. Beim Verschieben nach Luv wandert das Rigg mit seinem Segelzugpunkt zur Seite. Ziemlich plötzlich hat die vordere Hand deutlich mehr Zug zu halten. Der Surfer bleibt nur auf dem Board, wenn er sich entsprechend vehement gegen den seit-lich verschobenen Zug stemmt – stemmen im Wortsinn, nämlich mit dem vorderen Bein. Der Gabelbaum bleibt nah an der Brust, gegen die Segelkraft lehnt sich der Surfer zurück. Das Brett beginnt vom Wind wegzudrehen. Sobald das Board abfällt, lässt der Zug im Segel etwas nach.

Die Kurvenfahrt hat begonnen, das Rigg wird andauernd zur Steuerung eingesetzt. Im Mastarm signalisiert ein anhaltendes, deutliches Ziehen, dass die Segelstellung stimmt. Das leichte Nachlassen des Zugs ermöglicht einen Schrittwechsel zum Heck. Dabei geht zuerst der vordere Fuß neben oder sogar hinter den hinteren, um darauf dann den anderen mit einem kleinen Schritt vorzusetzen. Dieser Schritt zurück bewirkt ein leichtes Abtauchen des Hecks ins Wasser. Wenn du zusätzlich die kurvenäußere Brettkante ins Wasser drückst, unterstützt du die Kurven-

Auf Halbwind Kontrollblick mit anschließendem Abfallen. Den Mast-arm strecken und mit der Segelhand ein wenig nach hinten greifen.

Auf Raumwindkurs beginnt der Fußwechsel. Der vordere Fuß wird neben den hinteren gesetzt.

Das Segel klappt wie von alleine um, wenn zuerst der Mast zum Körper gezogen wird, bevor die Segelhand den Gabelbaum loslässt.

Das Schiften beginnt. Das Rigg wird näher zum Körper gezogen. Mit der Masthand wird der Mast gegriffen. Dabei bleibt der Körper auf jeden Fall aufrecht stehen.

fahrt und verkleinerst zudem den Radius. Wie schnell die Planke dabei um die Ecke geht, hängt davon ab, wie tief das Heck und die Kante ins Wasser getaucht sind. Die Kurve wird auf Raumwind- bis Halbwindkurs aufgelöst, der Surfer geht mit einem Schritt wieder vor in die Fahrposition.
Das Segel wird spätestens auf Halbwind geschiftet. Auf diesem Kurs schwingt das Schothorn nur etwa einen viertel Kreisbogen, be-

vor es vom Wind wieder gestoppt wird.
Je schneller übrigens die Kurvenfahrt ist, umso früher kann das Rigg geschiftet werden.

Auf neuem Raumwindkurs wechselt die Funktion der Hände. Jetzt kontrolliert vorwiegend die Masthand den Segelzug, wobei die Segelhand möglichst stabil gehalten wird.

Das Brett dreht weiter unter dem Segel vor den Wind, und das Segel steht quer zur Fahrtrichtung. Immer noch ist Zug im vorderen Arm zu spüren.

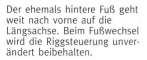

Der ehemals hintere Fuß geht weit nach vorne auf die Längsachse. Beim Fußwechsel wird die Riggsteuerung unverändert beibehalten.

SCHIFTEN: WIE DAS RIGG SCHWERELOS ROTIERT

Aus der Vogelperspektive kannst du den Weg vom Segel beim Schiften genau verfolgen.

Die Segelhand leitet das Schiften ein. Sie zieht den Gabelbaum soweit nach Luv, bis der Mast in Griffnähe der Masthand gelangt.

Die Masthand zieht den Mast in einer zügigen Bewegung weiter nach Luv, bevor die Segelhand den Gabelbaum loslässt.

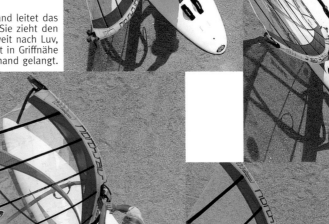

Während das Schothorn über den Bug beschleunigt, zieht die Masthand den Mast schwungvoll am Körper vorbei nach Luv. Das Rigg dreht ganz leicht.

Der Wind stoppt die Rigg-Rotation, und die Hände müssen nur noch den Gabelbaum greifen und dosiert das Segel für die Weiterfahrt dicht nehmen.

1. DER RICHTIGE ZEITPUNKT FÜR DEN FUSSWECHSEL

Den richtigen Fußwechsel-Zeitpunkt gibt's nicht – er ist immer möglich, solange das Brett ohne Belastungswechsel gehalten wird. Funktionell betrachtet, gehört der Fußwechsel zeitlich vor das Schiften. Die weiche Anströmkante des Achterlieks erschwert das Fahren mit dem Schothorn voraus schon genug. Die Füße wechseln kurz nach dem Vorwindkurs in die neue Fahrstellung. Jetzt, in einer entspannten Position, kann der Surfer den Zeitpunkt für die Segelrotation bestimmen, ohne aus der Not heraus schiften zu müssen.

2. SCHOTHORN VORAUS FAHREN

Mit dem Schothorn voraus verhält sich das Rigg, verursacht durch die weiche Anströmkante, unruhiger. Die Riggführung bleibt aber gleich wie mit normaler Segelstellung. Die Masthand hält das Rigg ruhig, und die Segelhand holt dicht und fiert. Das Rigg lässt sich besser kontrollieren, wenn die Segelhand ein Stückchen näher zum Schothorn rutscht.

3. MAST ZUR MASTHAND ZIEHEN

Konsequentes Stehenbleiben erleichtert das Schiften ungemein. Zuerst zieht die Segelhand das Rigg soweit nach Luv, bis die Masthand den Mast greifen kann. Der Mast muss dabei deutlich zum Körper

und zur Masthand kommen. Jedes Bücken oder Strecken zum Mast verschlechtert die Ausgangsposition.

4. DER RICHTIGE ZEITPUNKT FÜRS SCHIFTEN

Bei der Verdrängerhalse wird das Rigg zwischen dem neuen raumen und halben Wind geschiftet. Auf diesen Kursen stoppt der Wind das schwungvoll

drehende Segel rechtzeitig vor dem Körper ab. Hat der Mast den richtigen Drive durch die Masthand erhalten, rotiert das Rigg frei am Körper vorbei und bleibt genau vor der Brust stehen. Die Hände brauchen den Gabelbaum nur noch zu greifen, das Segel dicht zu holen, und der Segelschwung wird gleich wieder in Fahrt umgesetzt.

MANÖVER

	Luvsturz beim Abfallen	Brett fährt geradeaus auf Vorwindkurs	
FEHLER	Während des Abfallens, zwischen dem Raumwind- und dem Vorwindkurs lässt der Segelzug deutlich nach. Der Surfer hat nichts mehr zum Festhalten. Der Gabelbaum steht sehr eng am Oberkörper. Der Surfer verliert das Gleichgewicht und stürzt rücklings ins Wasser.	Nach dem ersten Abfallen fährt das Brett keinen Radius mehr sondern geradeaus weiter. – Der Segelzug hat möglicherweise stark nachgelassen. Der Mast wird vom Mastarm zum Körper gezogen. Eventuell zeigt das Segel auch einen kleinen Gegenbauch. – Dabei steht der Surfer eher vorgebeugt und belastet seinen vorderen Fuß.	Nach dem ersten Abfallen fährt das Brett keinen Radius mehr, sondern geradeaus weiter. – Der Segelzug ist auf beiden Händen gleichmäßig verteilt. Das Rigg ist in Gerade- ausfahrt zurückgestellt. – Die Kante wird nicht durch- gehend belastet und ist damit kaum wirksam, oder das Heck ist nicht ins Wasser gedrückt. – Die Füße stehen zu weit hinten, der Körperschwerpunkt liegt allerdings weit vor dem hin- teren Fuß.
KORREKTUR	Nur der Zug auf der Masthand dreht das Board aus dem Wind. Kontrolliere beim Abfallen ständig deine Segelstellung. Achte darauf, immer Zug auf dem Mastarm zu behalten. Bei plötzlich nachlassendem Zug gib zuerst mit der Segelhand nach und öffne so den Anstellwinkel vom Segel zum Wind.	– Achte beim Abfallen auf ständigen Zug im Mastarm. Vor allem, wenn sich ein Gegenbauch im Segel zeigt, schiebe den Mast etwas nach vorne und ziehe gleichzeitig das Segel näher zum Körper. – Dem Zug begegnest du, indem du den Gabelbaum mit der hinteren Hand nah am Oberkörper hältst. Bringe deinen Körper- schwerpunkt über das hin- tere Bein und lehne dich gegen den Zug zurück.	– Sollte die vordere Hand den Gabelbaum nah am Mast greift, rutsche mit ihr etwas näher zum Segelzugpunkt. Sobald du weiter hinten greifst und das Rigg weiter seitlich verschiebst, erzeugt es Steuerwirkung. – Belaste durchgängig die kurvenäußere Brettkante. – Bringe den Körperschwer- punkt über das hintere Bein und nutze das vordere zum Abstützen nach vorne.
ERKLÄRUNG	Irgendwann ändert sich die Anströmung am Rigg von laminar nach turbulent (siehe Seite Segelphysik). Bei die- sem Wechsel nimmt die Kraft im Segel ab. Wird, wie bei laminarer Anströmung richtig, das Rigg zur Zugverstärkung dichter genommen, nimmt der Zug bei turbulenter Anströmung nur weiter ab. Durch die gleichzeitige Schulterdrehung parallel zum Brett wird der Stand so unsi- cher, dass ein Sturz unaus- weichlich folgt.	– Das Board reagiert effektiv auf ein optimal angeström- tes und zum Steuern ver- schobenes Segel. Sobald das Rigg keinen Vortrieb mehr erzeugt, das Segel also flattert oder gar einen Gegenbauch zeigt, geht die steuerwirksame Kraft verloren. – Da der Zug beim Abfallen schwierig zu kontrollieren ist, wird dem gerne durch Heranziehen des Mastes und Vorbeugen mit dem Oberkörper begegnet.	Wird der Gabelbaum mit der vorderen Hand nah am Mast gegriffen, kann das Rigg weniger weit nach Luv geschoben werden. Die Kantenbelastung unterstützt das Abfallen nur, wenn dabei das Heck deutlich abgesenkt ist und die Kante dauernd belastet wird. Das Heck sinkt nur ab, wenn es auch belas- tet wird. Dazu muss das Körpergewicht genutzt, das heißt über das hintere Bein gebracht werden.

Sturz nach vorne oder nach Lee	Segel schlägt plötzlich hoch	Schothorn landet beim Schiften im Wasser
Für diesen Sturz gibt's zwei Varianten. Das Segel kippt zum Bug und zieht den Surfer nach vorne hinter sich her ins Wasser. Bei der zweiten Möglichkeit dreht der Mast nach Lee weg, der Surfer hält fest und wird zur Leeseite ins Wasser gezogen.	Der Surfer steht unsicher auf dem Board, er kann den Segelzug kaum halten. Im Kurvenverlauf wird das Segel auf einmal von der anderen Seite angeströmt, es schlägt back. Im Segel zieht es nicht mehr, sondern der Wind drückt von vorne ins Segel. Das Brett dreht daraufhin nicht weiter. Bleibt das Rigg längere Zeit back stehen, stoppt das Brett und beginnt anzuluven.	Die Halse ist fast fertig. Der Surfer muss nur noch das Segel schiften. Beim Umschlagen dreht das Segel sehr schnell und klatscht mit dem Schothorn ins Wasser. Der Surfer wird zur Seite gezogen und fällt fast ins Wasser.
Setze das Körpergewicht ein. Bringe dazu den Oberkörper in eine Linie mit dem vorderen, stützenden Bein und damit das Körpergewicht nach hinten. Aus der Vorlage kommst du in diese sichere Position, wenn du kurzzeitig den Mast leicht anziehst, damit den Zug reduzierst und dich gleichzeitig etwas zurücklehnst, bevor du den Mast wieder gehen lässt.	Lasse das Rigg mindestens aufrecht stehen. Ziehe es dazu mit der Segelhand dichter. Sobald das Rigg keine Kraft entwickelt, stelle dich über deinen hinteren Fuß. Jetzt schiebe langsam den vorderen Arm nach vorne. Lehne dich dem Zug entsprechend zurück. So wirst du nicht vorne übers Board gezogen. Kontrolliere das Rigg mit der Segel- und Masthand so, dass immer ein deutlicher Zug auf dem Mastarm bleibt.	Schifte zwischen Raumwind- und Halbwindkurs. Ziehe den Mast zuerst zum Körper. Bevor du den Gabelbaum loslässt, beginnst du, den Mast am Körper vorbeizuziehen. Bleibe unter allen Umständen stabil stehen und halte den Oberkörper aufrecht.
Sobald das Segel nach vorne zum Bug geneigt wird, entwickelt es kaum kontrollierbare Kräfte. Da der Surfer hierbei unweigerlich vorgebeugt und über dem vorderen Fuß steht, lässt ein Sturz sich nur durch Auffieren verhindern. Ohne Zug im Segel fällt das Brett allerdings auch nicht ab.	Wird der Mastarm zum Körper gezogen, verkleinert sich der Anstellwinkel zum Wind. Damit verringert sich die nach vorne gerichtete Segelkraft deutlich. Der Surfer hofft dadurch, einen Sturz zu verhindern. Wird das Rigg etwas über die neutrale Position zur Brust gezogen, drückt der Wind von vorne ins Segel, es steht back.	Beim Fahren mit dem Schothorn voraus steht der Mast schräg nach Lee. Wenn das Rigg beim Schiften um den Mast als Drehachse dreht, entstehen starke Rotationskräfte. In dieser Position landet das Schothorn garantiert im Wasser. Dies lässt sich nur mit viel Kraft verhindern.

MIT SPEED DURCH DIE KURVE

Gleiten ist nicht nur zwingende Voraussetzung, sondern auch der erste Schritt zur Powerhalse.

Vor der Brust wird der Mast in die andere Hand übergeben und weiter nach Luv gezogen.

Olli setzt jetzt erst die Füße um und in die Schlaufen. Ist das Brett noch im Gleiten, folgt das Einhängen ins Trapez. In entspannter Haltung geht es der nächsten Powerhalse entgegen.

Die Powerhalse ist das erklärte Ziel jedes begeisterten Surfers. Keiner kann dieser Verlockung widerstehen. Allerdings ist der Weg dahin lang. Die Halse auf Gleitmaterial zu »überstehen« ist schon Herausforderung genug. Bevor dabei der Gleitrausch in der Kurve erhalten bleibt, gibt's noch etliche Ab-

Beschleunige auf maximale Geschwindigkeit auf Raumwindkurs. Jetzt noch kurz umschauen, ob der Raum zum Halsen frei ist. Dann mit der hinteren Hand nach hinten greifen und aushaken.

In die Kurve geht's radikal. Die Segelhand greift weit hinten, der hintere Fuß geht aus der Schlaufe und steht neben dem vorderen Fuß. Dann wird das Rigg nach Luv verschoben. Der Surfer geht tief in die Knie.

Auf Vorwindkurs lässt die Segelhand den Gabelbaum los. Zügig wird der Mast nahe am Körper vorbei nach Luv gezogen. Das Board bleibt weiter auf seiner Innenkante belastet.

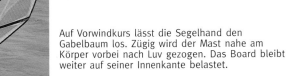

Während das Brett langsam an Fahrt verliert, stehen die Füße unverändert, und damit bleibt auch das Brett gleich belastet. Die Masthand beginnt das Rigg zum Körper zu ziehen.

gänge ins weiche Nass. Trotzdem bleibt die Powerhalse ein realistisches und lohnendes Ziel. Der Weg zur durchgeglittenen Halse setzt sich zusammen aus vielen kleinen Schritten. Wenn dir das Gleiten so mühelos gelingt wie das Gaspedal-Drücken im Auto, fängst du an mit Schlangenlinien, die bald in die ersten vielversprechenden Halsenversuche einmünden.

Sobald der Zug im Segel nachlässt, beginnt das Schiften. Zuerst rutscht die Masthand näher zum Mast, das Rigg wird leicht geöffnet.

Während der Kurvenfahrt auf beiden Fußballen stehen, in Fahrtrichtung schauen, das Rigg unverändert lassen und auf den Zug im Segel achten.

AUSWEICHREGELN

VERKEHRS-REGELN AUF DEM WASSER

Ausweichen darf nicht der größere Angsthase, sondern der Surfer in Luv oder auf Steuerboardbug.

Auf der Straße gibt's Vorfahrtsregeln, auf dem Wasser »Ausweichregeln«. Damit nun das Wasserfahrzeug, das ausweichen muss, auch zur richtigen Seite hin ausweicht, muss der Vorfahrtberechtigte seinen Kurs strikt einhalten. Der Verkehr auf dem Wasser ist in Geltungsbereiche unterteilt. Für die Küsten-gewässer gilt die Seeschifffahrtsstraßenordnung und für die Binnengewässer die Binnenschifffahrtsstraßenordnung. Weitere Einschränkungen sind in regionalen Verordnungen geregelt.

Die Berufsschifffahrt hat immer Vorfahrt. In Gebieten der SeeSchStrO weichen Surfer, außer Wasser-skibooten, allen anderen Fahrzeugen grundsätzlich aus. Sie dürfen auch keine Wasserstraßen queren. Auf BinnSchStraßen sind Surfer den Seglern gleichgestellt und haben Motorbooten und muskelkraftgetriebenen Booten gegenüber Vorfahrt. Auch dürfen sie gekennzeichnete Wasserstraßen queren.

RECHTZEITIG ENTSCHLOSSEN UND DEUTLICH

RED sorgt für klare Verhältnisse bei Begegnungen.

Beim Ausweichen der Surfer untereinander gelten die gleichen Regelungen wie für die Segelfahrzeuge.

Surfen zwei in dieselbe Richtung, so ist der weiter in Lee surfende ausweichpflichtig (Bild 2).

Begegnen sich zwei Segelfahr-zeuge mit dem Segel auf unterschiedlicher Seite, gilt: »Steuerbordbug weicht Backbordbug«. Übersetzt in die Praxis heißt das: Derjenige mit der linken Hand vorne weicht demjenigen mit der rechten vorne aus.

Beim Überholen gilt wie im Straßenverkehr auch: »Der Überholer hält sich frei.«

Sollte ein Zusammenstoß unmittelbar bevorstehen, gilt für alle Beteiligten grundsätzlich, diesen Unfall mit dem Manöver des letzten Augenblicks zu verhindern.

? STEUERBORDBUG: Segelt ein Surfer, wenn sein Segel über der rechten Seite, der Steuerbordseite steht.

SICHERHEIT

Für seine Sicherheit ist jeder Surfer selbst verantwortlich. Verantwortungsbewusstes Verhalten setzt genaue Informationen über das Revier, das Wetter, eine realistische Einschätzung der Situation und des eigenen Könnens voraus. Board und Rigg auf Schäden zu überprüfen, ist ebenso wichtig wie das Ab- und Wieder-Zurückmelden und das kameradschaftliche Beobachten anderer Surfer.

INFORMATIONEN zu besonderen Regelungen auf dem Wasser und über die Beschaffenheit des Grundes können die Wasserschutzpolizei, Hafenbehörden, Fischer oder Rettungsschwimmer und ansässige Wassersportstationen zuverlässig geben. Informationen zur Wetterentwicklung und typischen Windrichtungen, helfen bei der Einschätzung der Situation. In Tidengewässern sind Kenntnisse über die Strömungsverhältnisse lebenswichtig.

SICHERE AUSRÜSTUNG

Vor dem Surfen ist ein Check der Ausrüstung obligatorisch. Mastfuß, Trimmschot, Vorliekstrecker und Trapeztampen sind die anfälligsten Teile. Aber auch der Mast, die Finne und der Gabelbaum sollten regelmäßig überprüft werden.

DER PROBESCHLAG

Das eigene Können realistisch einzuschätzen ist schwierig. Im Zweifelsfall hilft ein Probeschlag, die Situation besser einzuschätzen. Schaffst du es, sicher wieder zum Ausgangspunkt, besser etwas weiter in Luv davon zurückzukommen, kann nicht mehr viel passieren.

SICHERE LAGERUNG

Das Surfbrett kann auch ohne Pilot gefährlich werden: Plötzliche Windböen haben schon so manches Rigg und Brett in Geschosse verwandelt. Am sichersten liegt die Ausrüstung, wenn Rigg und Board miteinander verbunden sind. Das Brett zeigt dabei in Windrichtung mit nach Lee abgelegtem Rigg. Wenn das Unterliek genau in Windrichtung ausgerichtet ist, bieten Brett und Rigg dem Wind die geringste Angriffsfläche.

SELBST- UND FREMDRETTUNG

Trotz aller Vorsichtsmaßnahmen lässt sich eine Notsituation nie ganz ausschließen. Grundsätzlich gilt die Regel: Durchatmen und beruhigen, Situation analysieren, Maßnahmen ergreifen. Gerissene Leinen lassen sich durch einen am Gabelbaum befestigten Reservetampen von mindestens 1,5 bis 3 Meter Länge schnell ersetzen. Bei nicht behebbaren Schäden ist sogleich eine Abschlepphilfe zur Hand. Ist keine Hilfe zu erwarten, musst du abwägen, ob es mit oder ohne Rigg am besten weiter geht. Ist eine Rückkehr zum Land aus eigener Kraft nicht denkbar, bleibe auf jeden Fall bei Brett und Rigg, die größere Fläche ist leichter zu sehen als ein Kopf im Wasser. Gib ein internationales Notsignal durch Schwenken eines auffälligen Gegenstandes im Kreis oder Heben und Senken der seitlich ausgestreckten Arme. So weit sollte es aber gar nicht kommen. Entferne dich nur so weit vom Ufer, dass du im Ernstfall zurück schwimmen kannst. Dann geht es nämlich nur darum, ob das Rigg für die Rückkehr zurückgelassen werden muss, oder wie du das Rigg widerstandsarm auf dem Brett verstauen kannst. Du hast die Wahl zu paddeln oder zurückzuschwimmen und dein Brett als sichere Rettungsinsel hinter dir herzuziehen.

GEWITTER

Surfe nie bei Gewitter. Die von Gewittern ausgehende Gefahr wird deutlich unterschätzt. Selbst 20 und mehr Kilometer vom Gewitterzentrum entfernt können Blitze einschlagen. Und Carbonmasten sind bei Blitzen geschätzte Ableiter.

Dank
für die Unterstützung bei der Produktion der
Fahrtechnikfotos im Robinsonurlaub Soma Bay
(Ägypten) an die Models Silvia Hauser,
Norbert Hauser und Oliver Hilf.

Fotos:
Thomas Streubel (alle Sequenzen und
Technikfotos); Thorsten Indra (doppelseitige
Fotos und Titelfoto)

Bibliografische Information
der Deutschen Nationalbibliothek

Die Deutsche Nationalbibliothek
verzeichnet diese Publikation in der
Deutschen Nationalbibliografie;
detaillierte bibliografische Daten sind im
Internet unter http://dnb.d-nb.de abrufbar.

5. Auflage
ISBN 978-3-7688-1272-6
© by Delius, Klasing & Co. KG, Bielefeld

Layout: Sabine Urbas-Plenk
Umschlaggestaltung: Ekkehard Schonart
Reproduktionen: scanlitho.teams, Bielefeld
Druck: DZA Druckerei zu Altenburg GmbH
Printed in Germany 2009

Delius Klasing Verlag,
Siekerwall 21, D-33 602 Bielefeld
Tel.: 0521/559-0, Fax: 0521/559-115
e-mail: info@delius-klasing.de
www.delius-klasing.de